Gran libro de juegos Montessori

LAROUSSE

Créditos iconográficos
© Shutterstock.com
Página 24: Ritmo nº 2, decoración para el Salón de las Tullerías, Delaunay, Robert (Victor Félix), 1938, Museo de Arte Moderno de París, CC0 Paris Musées / Museo de Arte Moderno de París

Ilustraciones de las páginas 18-19, 22-23, 34-35, 46-47, 64-65, 72-73, 80-81, 90-91, © Vayounette.

EDICIÓN ORIGINAL
Dirección de la publicación: Carine Girac-Marinier
Dirección editorial: Julie Pelpel-Moulian
Dirección artística: Uli Meindl
Diseño gráfico: Hélène Léonard

EDICIÓN EN ESPAÑOL
Dirección editorial: Tomás García Cerezo
Gerencia editorial: Jorge Ramírez Chávez
Traducción: Imma Estany
Adaptación: Diego Cruz Hernández
Adaptación de portada: Nice Montaño Kunze
Coordinación de salida y preprensa: Jesús Salas Pérez

Primera edición: 2022 - Primera reimpresión, 2023

ISBN: 978-607-21-2758-6

Impreso en México — *Printed in Mexico*

Este libro se terminó de imprimir en el mes de abril del 2023,
en Corporativo Prográfico, S.A. de C.V., Calle Dos Núm. 257, Bodega 4,
Col. Granjas San Antonio, C.P. 09070, Alcaldía Iztapalapa, México, Ciudad de México.

Prólogo

Este libro, con sus páginas de juegos, ofrece a tu hijo un **recorrido sensorial**, sobre todo gracias al material recortable o para crear. Este material para manipular, que se presenta en la parte final del cuaderno, le permitirá experimentar los conceptos nuevos y preparar su mente de un modo eficaz para la abstracción. Algunos elementos pueden utilizarse varias veces, en distintos momentos y para diferentes finalidades.

Estructurar el pensamiento

La primera parte del cuaderno es una inmersión en la vida sensorial. El libro ofrece actividades para trabajar los colores, las formas, las dimensiones y los contrastes, con ejercicios para emparejar, clasificar y orientar, así como gradaciones, con los que tu hijo afinará su capacidad de discriminación visual y desarrollará su mente lógica.

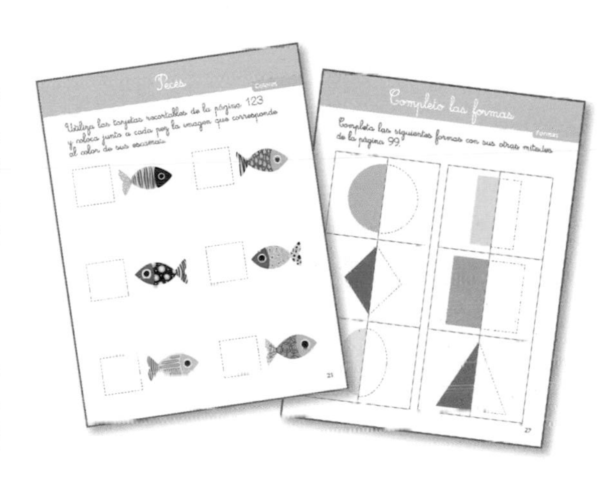

De este modo, pondrá en práctica sus sentidos mediante la observación, la manipulación, la reflexión, el juicio y la deducción, lo que le permitirá construir su representación del mundo de una manera muy eficaz.

Descubrir el entorno

Material

La pedagogía Montessori propone una progresión pensada y rigurosa que se basa en un **material simple y eficaz** con un objetivo claro y una sola dificultad a la vez.

Así, mientras va avanzando, tu hijo descubrirá sus sentidos y sensaciones, al tiempo que explora los campos del gusto, de la vista, del olfato...

Para acompañarlo mejor, encontrarás explicaciones que te permitirán familiarizarte con el material y abordar su presentación.

Recomendamos que recortes el material de cartulina con antelación para que lo tengas todo listo para mostrárselo a tu hijo. Enséñaselo, explícale cómo se debe realizar la actividad y deja que la haga sin juzgarlo.

Paralelamente a las actividades del cuaderno, no dejes de mostrarle las cifras y las letras a través de canciones y juegos para aplicar a su vida diaria, o mediante una tabla de números, que resulta un soporte estimulante y adecuado en su conquista de las competencias y los conocimientos.

Lección en tres etapas

Además del material que tu hijo tiene a su disposición y, para facilitar el aprendizaje del nuevo vocabulario que le vas a mostrar, te aconsejamos que apliques la lección en tres etapas.

La lección en tres etapas es ante todo una transmisión en la que la calidad de la relación y la interacción entre tu hijo y tú resulta determinante. Se desarrolla durante varios días y se concentra sólo en tres nuevos elementos (cuatro como máximo). Este método tiene el objetivo de no sobrecargar la memoria del niño y mantener su atención, y se basa en las siguientes etapas:

- **Conocimiento:** «Es...» El adulto nombra el objeto o el concepto para introducirlo y pide a continuación al niño que lo repita. El adulto asocia el nuevo vocabulario y el objeto con exactitud, usando las palabras adecuadas.
- **Reconocimiento:** «Muéstrame...» Es la etapa que dura más y requiere más paciencia y repeticiones. El adulto pide al niño que le muestre el objeto en cuestión, lo que permite repasar el vocabulario y reforzar su adquisición y memorización.
- **Comprobación:** «¿Qué es?» El adulto pide a su hijo que nombre el objeto y lo muestre. Así, se comprueba la perfecta asimilación del vocabulario, condición indispensable para que el niño pueda aplicar el vocabulario en otro contexto.

CONTENIDO

Colores

Formas

Pequeño, mediano, grande

Descubrimiento del mundo

Identificación, discriminación visual

Colores

Conozco los colores

Colores

Completa las parejas con una tarjeta del mismo color.
Utiliza los recortables de la página 95.

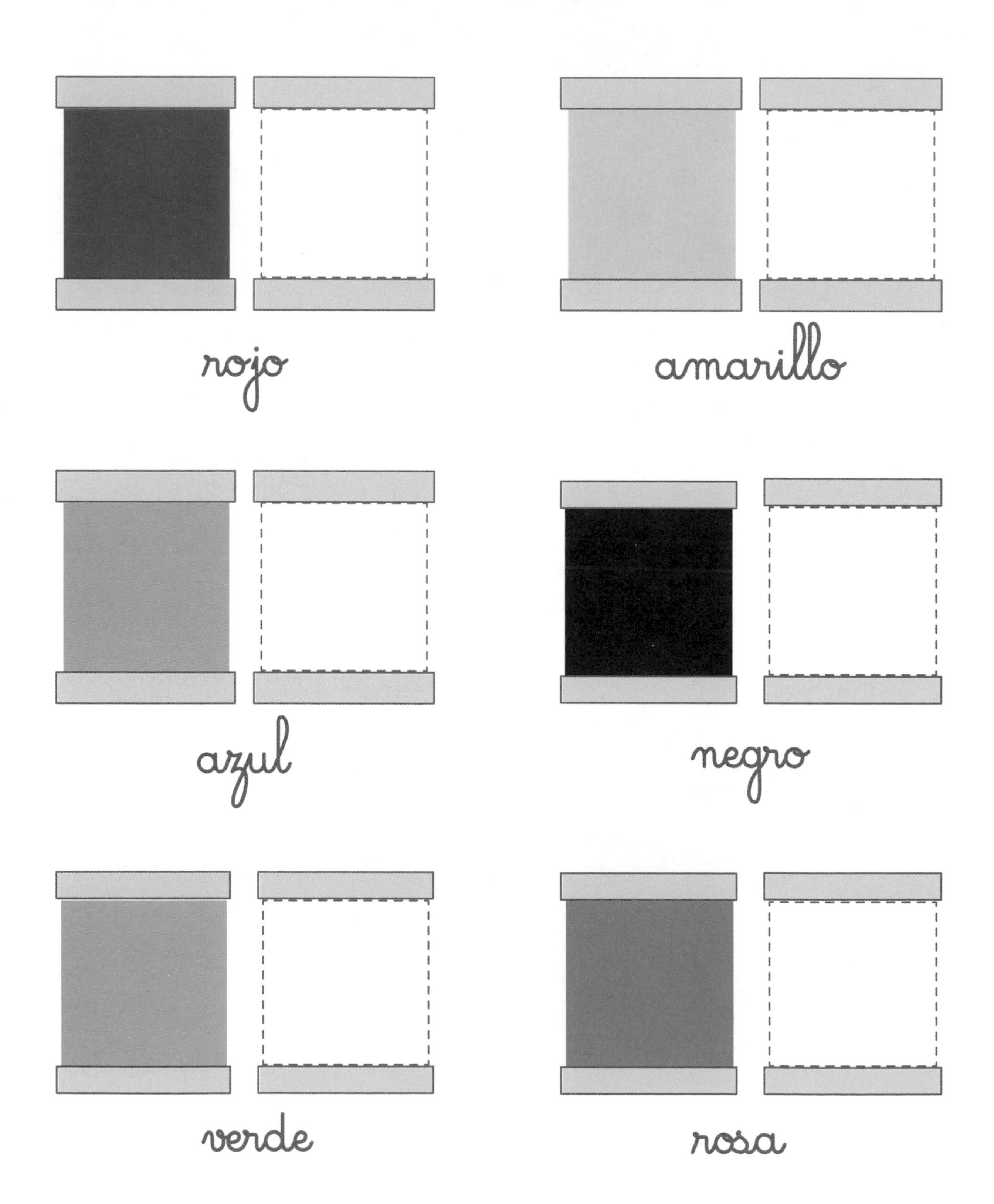

café
violeta
naranja
blanco
gris

Sol de colores

Completa el sol de colores con las tarjetas recortables de la página 95. Colócalas de la más clara a la más oscura.

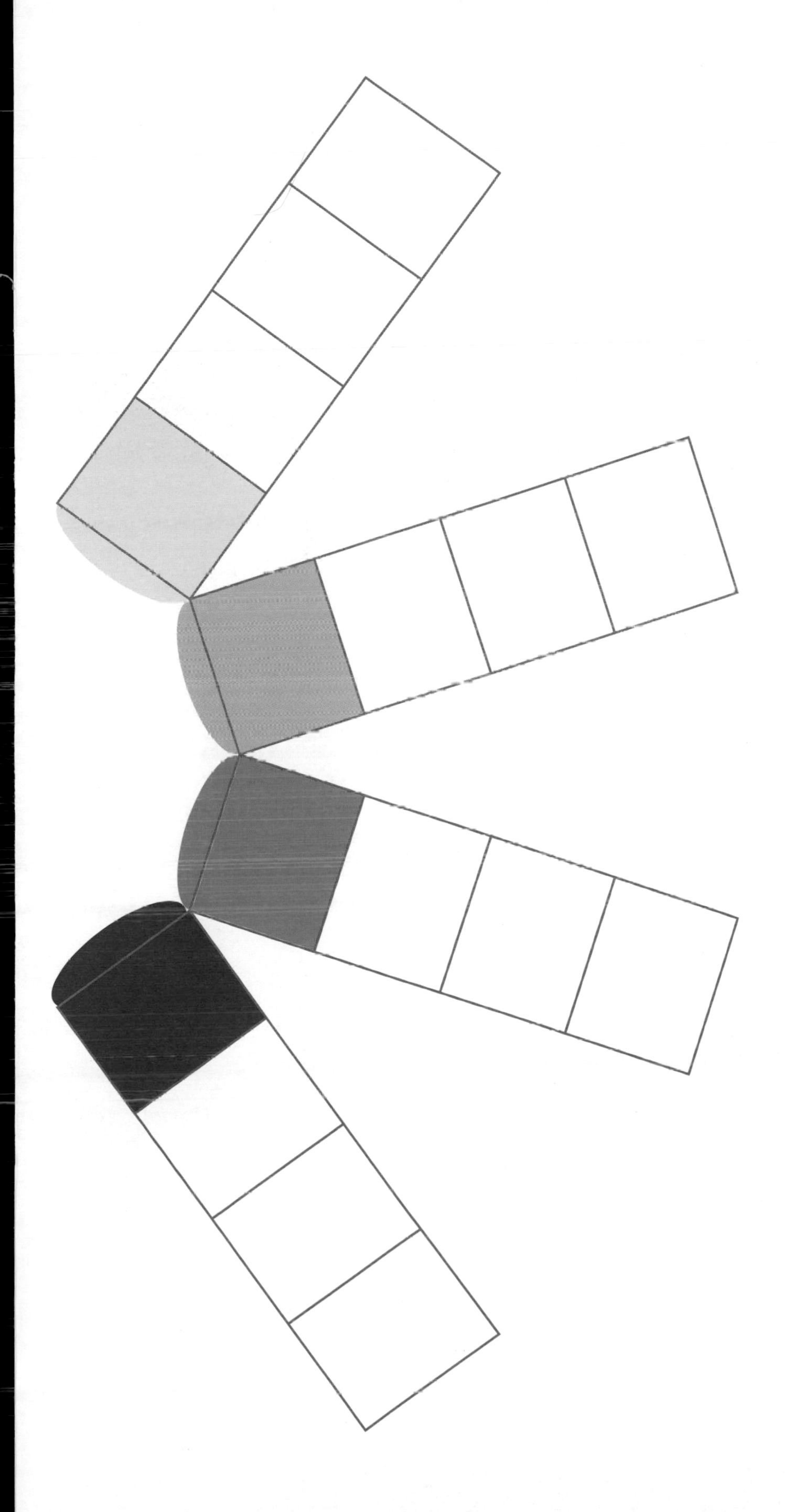

En el estanque

Colores

Completa la escena con los círculos de colores recortables de la página 97.

¿De qué color son?

Coloca las tarjetas recortables de objetos de la página 121 junto al color que les corresponda.

La forma y el color

Completa cada cuadrado con la forma adecuada.
Utiliza las formas recortables de la página 97.

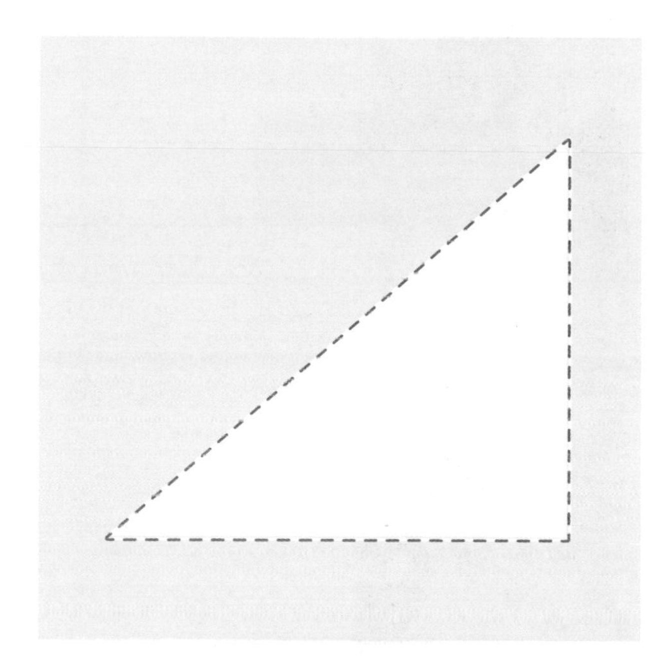

Rompecabezas en tiras

Completa la escena con las tiras recortables de las páginas 109 y 111. Puedes pegarlas.

La selva

Busca y encuentra
3 pájaros, 2 pájaros,
y 1 serpiente.

Mezclas de colores

Haz las mezclas que se indican y nombra los colores que obtuviste.

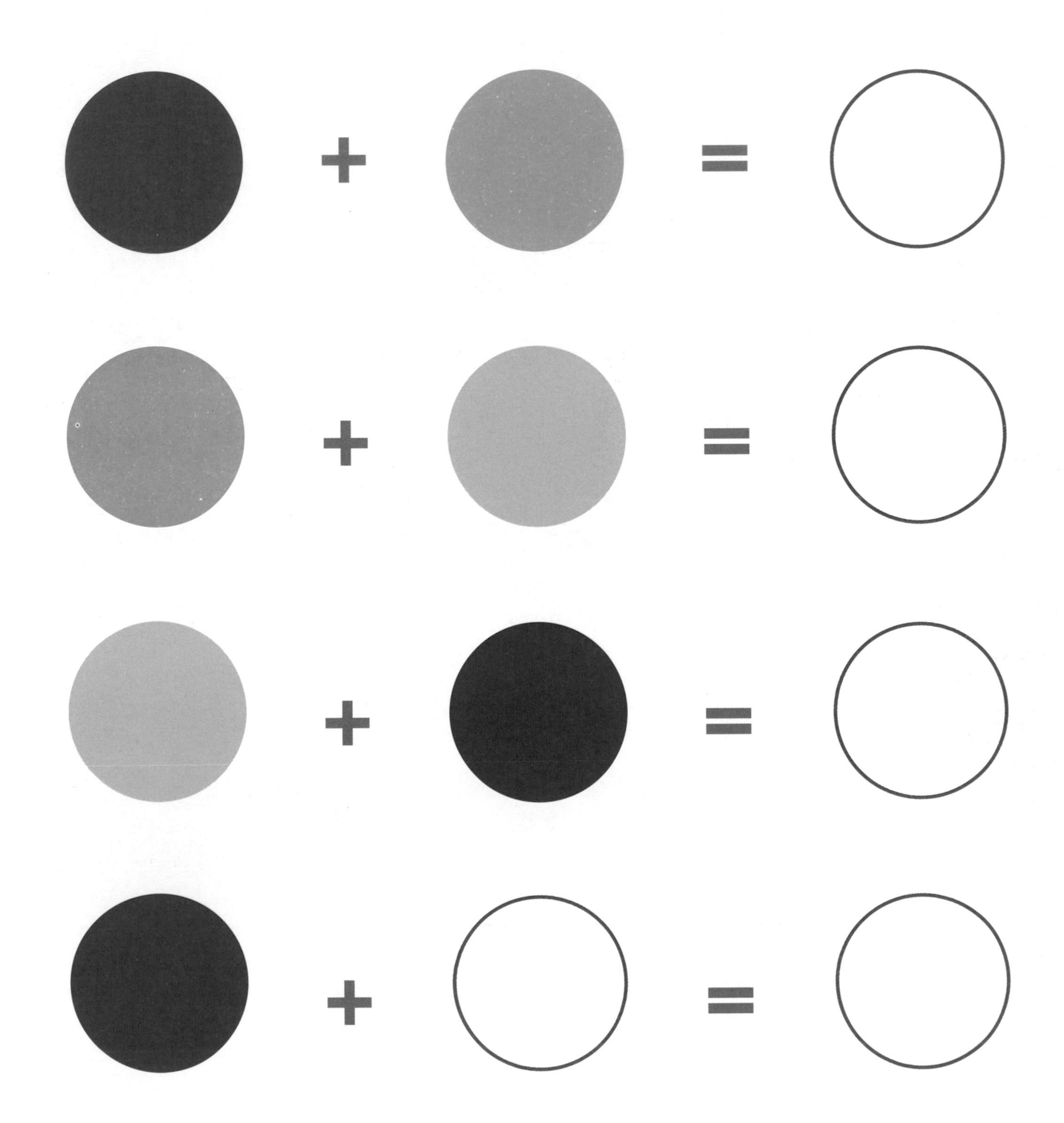

Peces

Utiliza las tarjetas recortables de la página 123 y coloca junto a cada pez la imagen que corresponde al color de sus escamas.

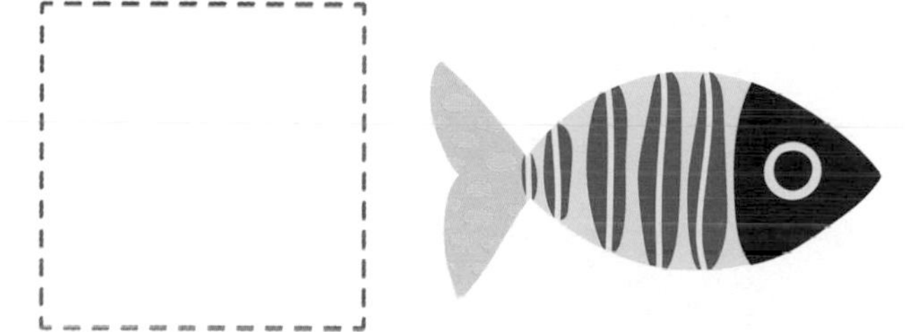
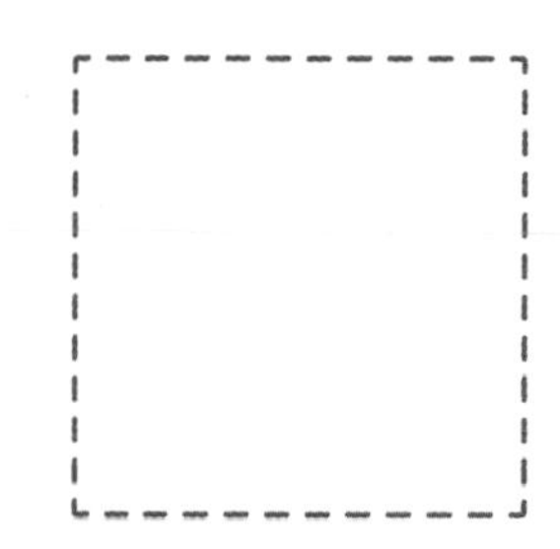

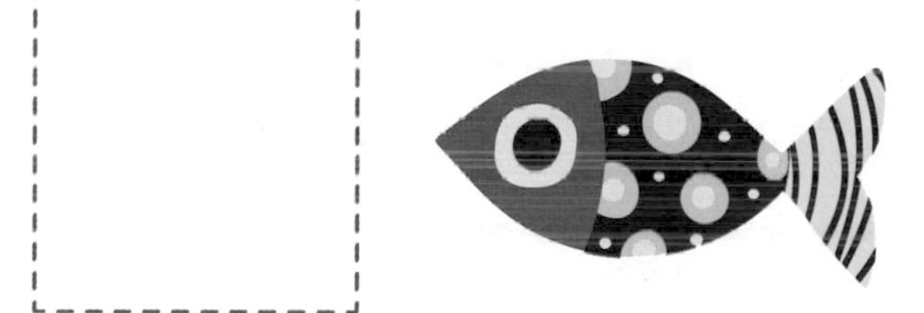

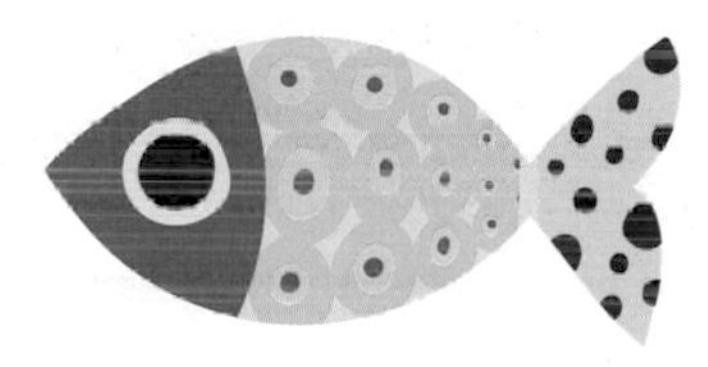

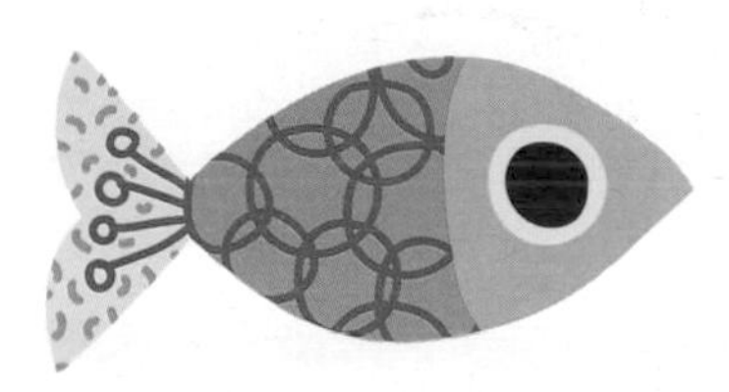

Busca y encuentra

Encuentra y señala todo
lo que tenga rayas.

Colores, círculos y curvas

Colores

Coloca las formas recortables de la página 97 en cada cuadro: el círculo multicolor, en el primero; el círculo con dos grises diferentes, en el segundo; la forma de color liso, en el tercero, y el círculo incompleto, en el cuarto.

1

2

3

4

Robert Delaunay, Rythme n°2.

Formas

Reconozco las formas

Utiliza las formas recortables de la página 99 para completar las parejas siguientes.

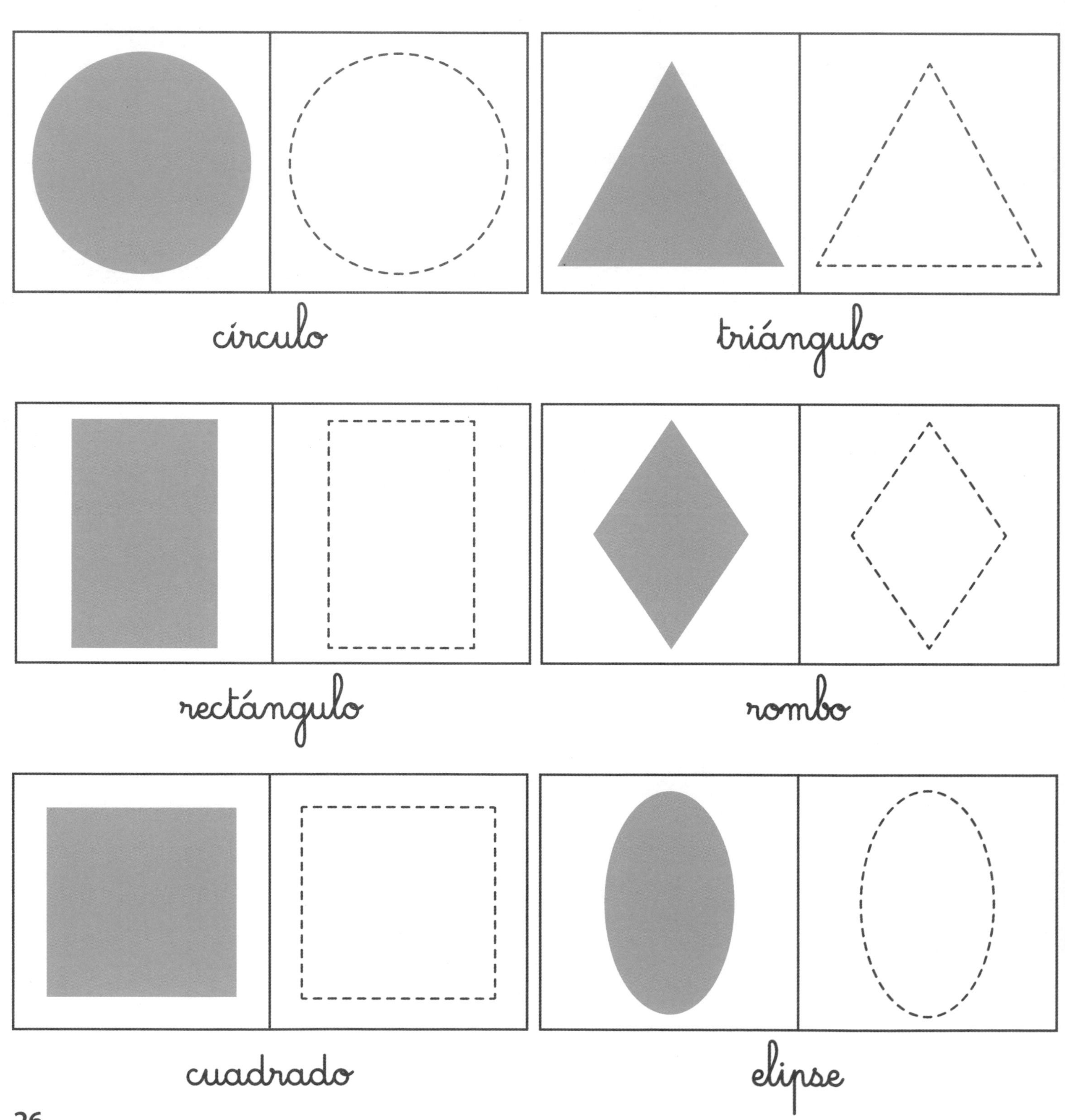

Completo las formas

Completa las siguientes formas con sus otras mitades de la página 99.

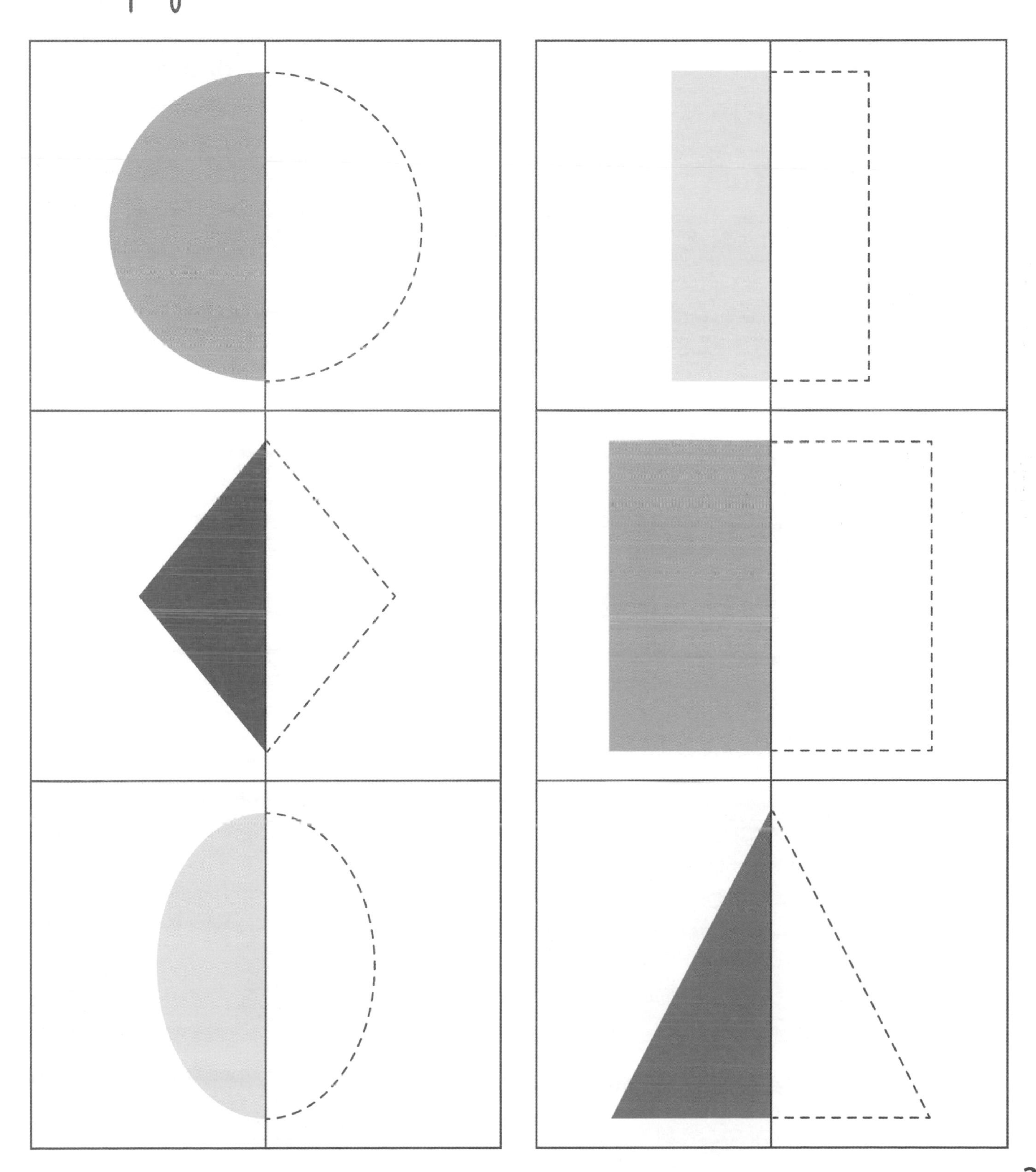

Encajes

Relaciona las formas rojas con las formas blancas correspondientes.

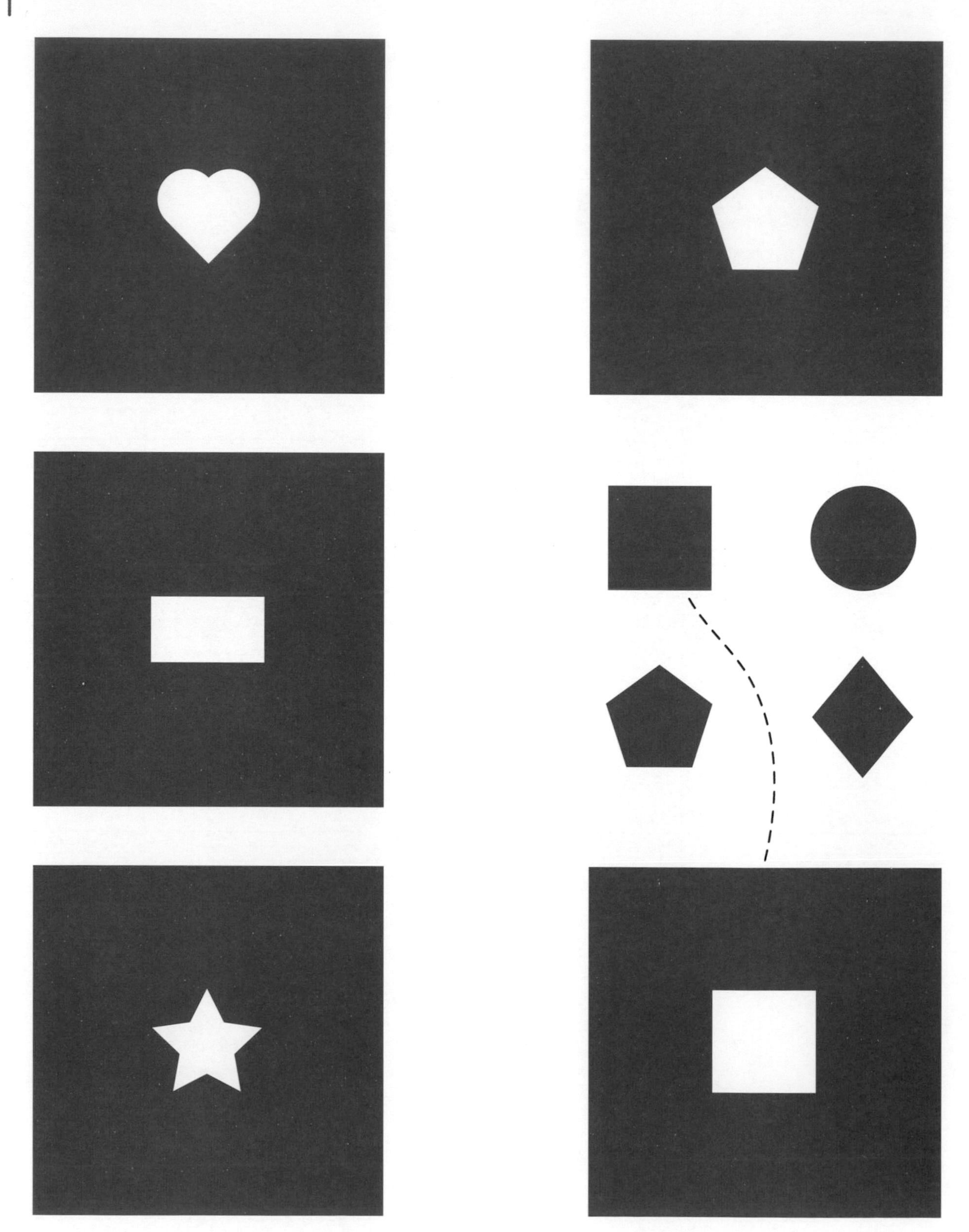

¿Qué forma tienen?

Coloca las tarjetas recortables de objetos de la página 123 junto a la forma que les corresponda.

Dibujo para colorear en código

Colorea este mandala siguiendo el código de colores.

En forma de...

Formas

Colorea en cada casilla la forma que corresponde a la imagen.

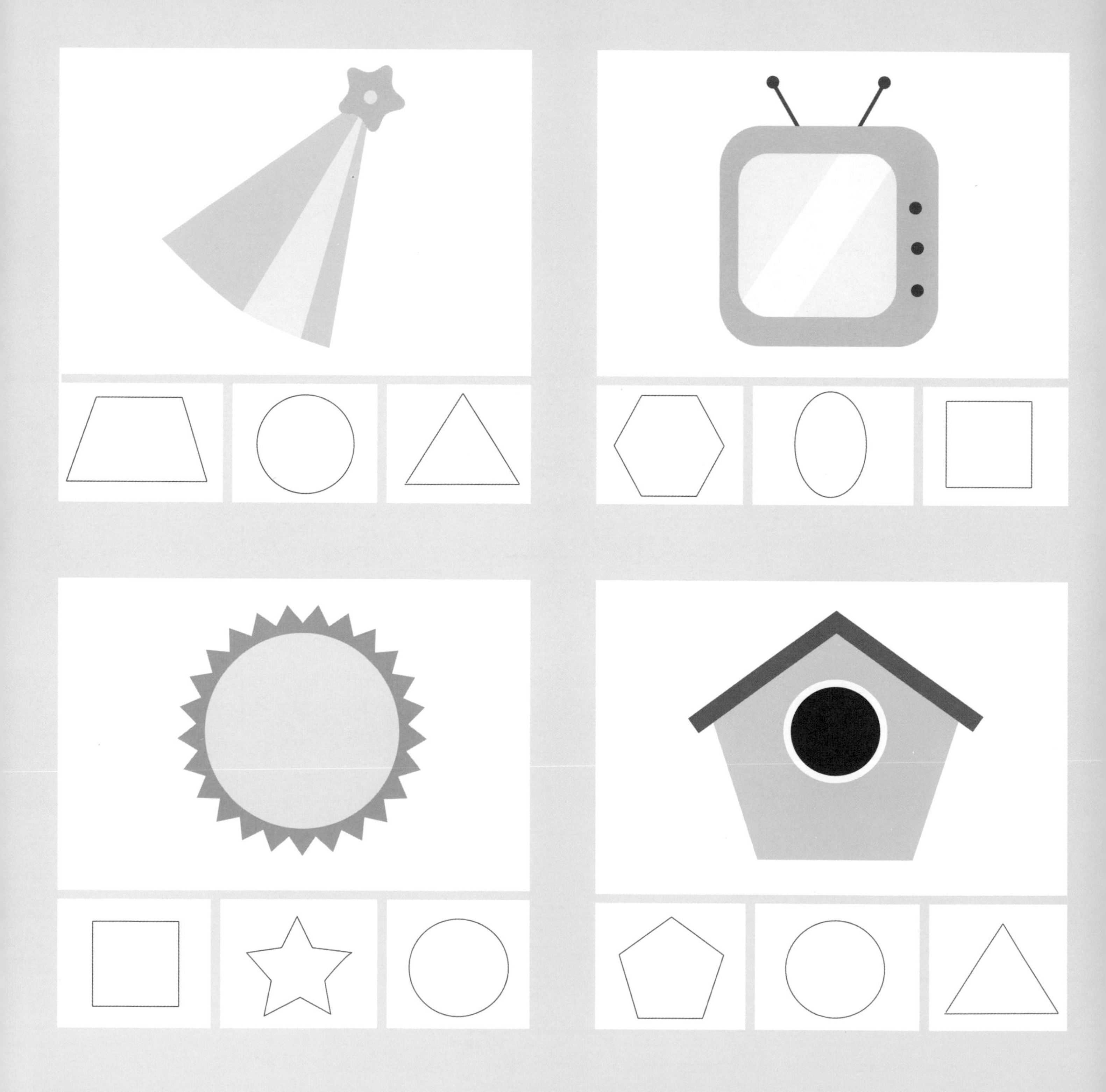

La forma que falta

Busca la forma que falta para completar cada imagen.

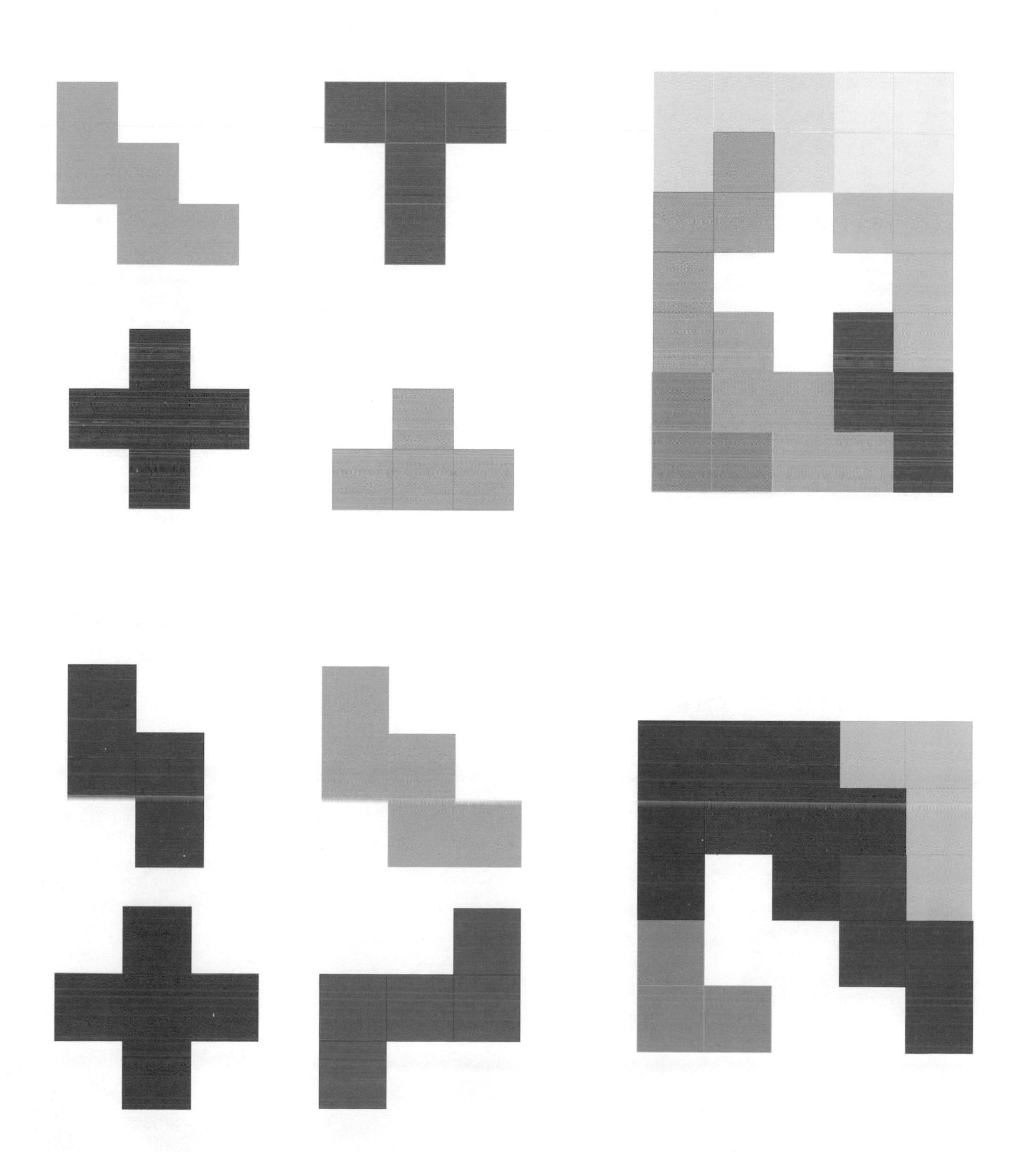

STAR

Busca y encuentra
10 ▭ y 6 ◯

Casas curiosas

Formas

Relaciona cada casa con su sombra. Observa la forma de las ventanas. ¿Cuál de estas casas tiene las ventanas redondas?

Pequeño, mediano, grande

De menor a mayor

Pequeño, mediano, grande

Prepara las formas geométricas de la página 125.
Separa los círculos, los cuadrados y los triángulos
y ordénalos de menor a mayor.

De mayor a menor

Pequeño, mediano, grande

Ordena las formas geométricas de mayor a menor.

Un acuario para cada pez

Pequeño, mediano, grande

Relaciona cada pez con el acuario que corresponda a su tamaño.

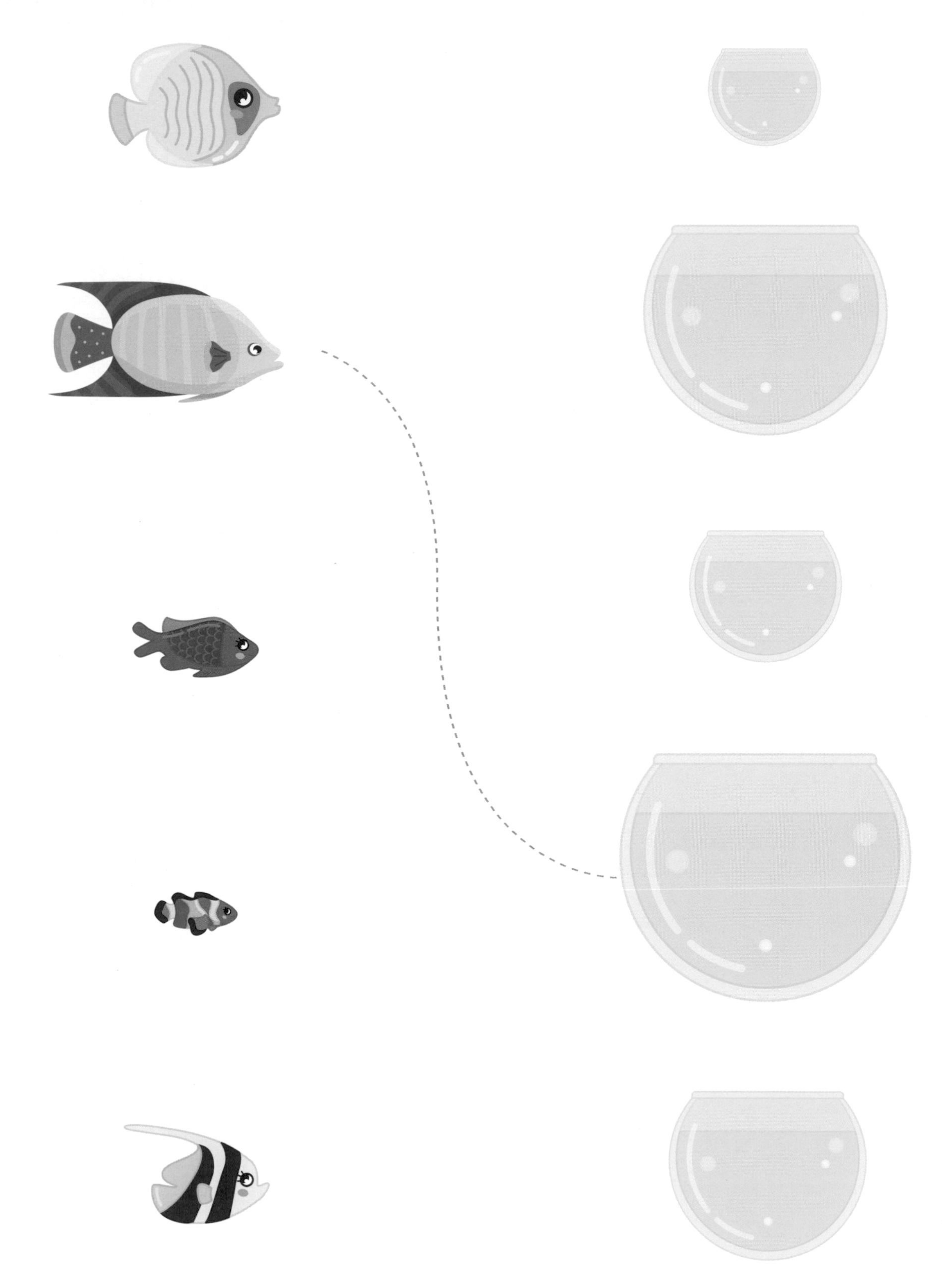

Ordeno por tamaños

Pequeño, mediano, grande

Clasifica las formas geométricas recortables de la página 125 en función de su tamaño: pequeño, mediano o grande.

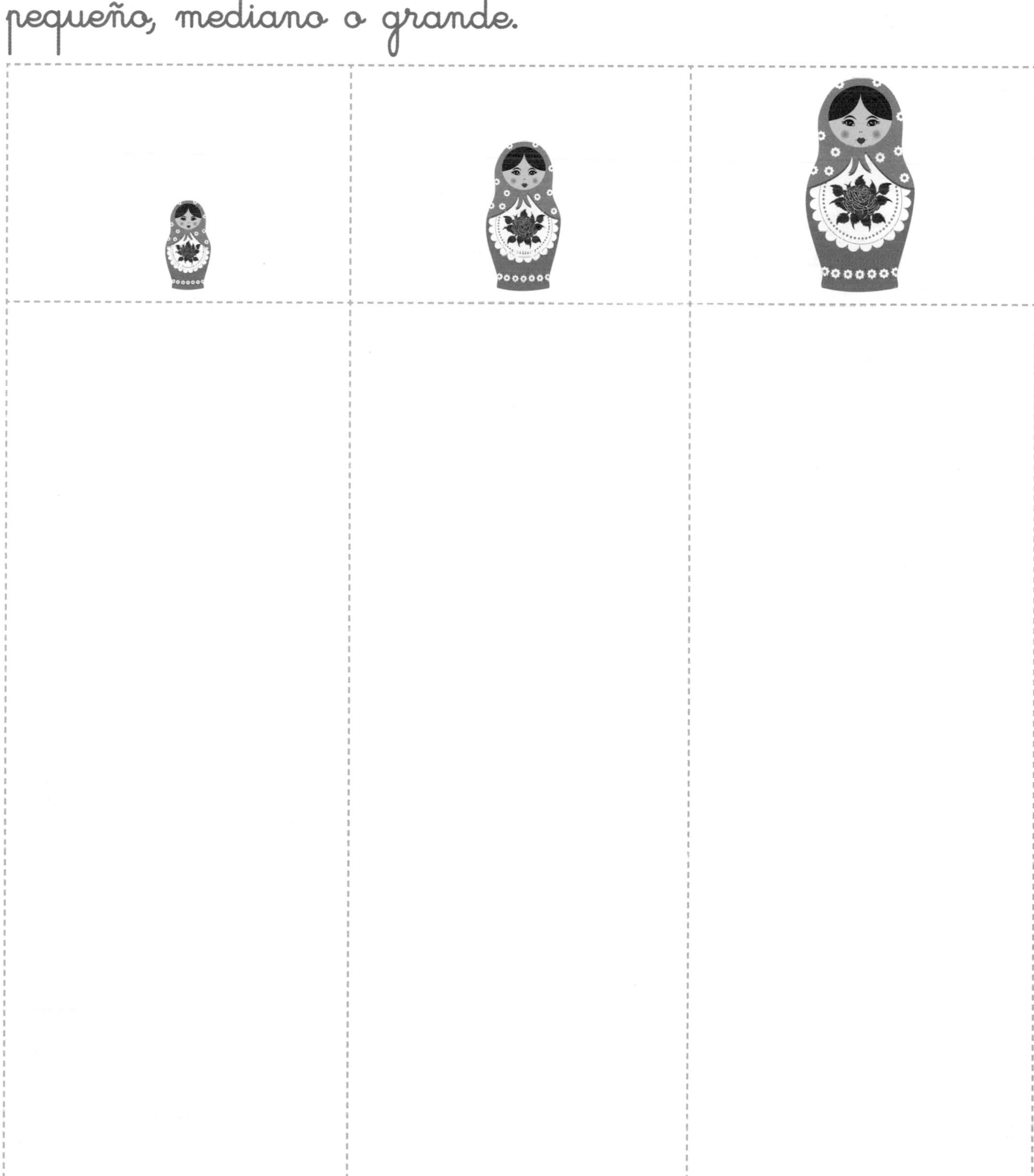

¿Mayores o iguales?

Pequeño, mediano, grande

Observa estas flores. Parece que cuanto más pequeños son los pétalos, mayor es el centro. Compruébalo con la ayuda de los círculos recortables de la página 99.

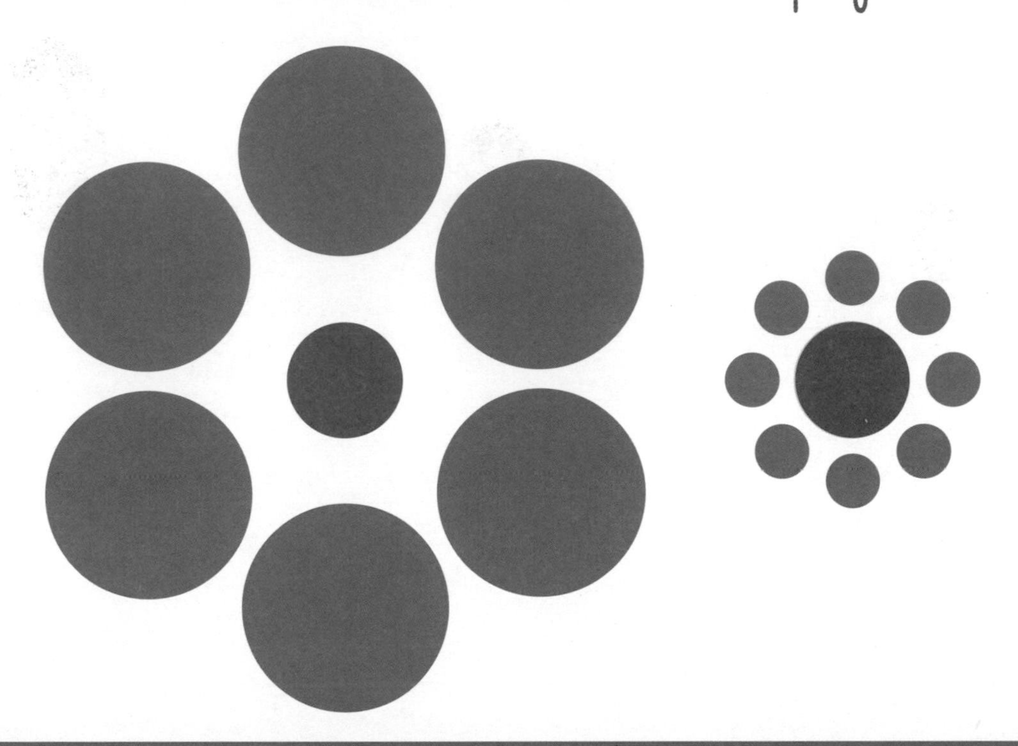

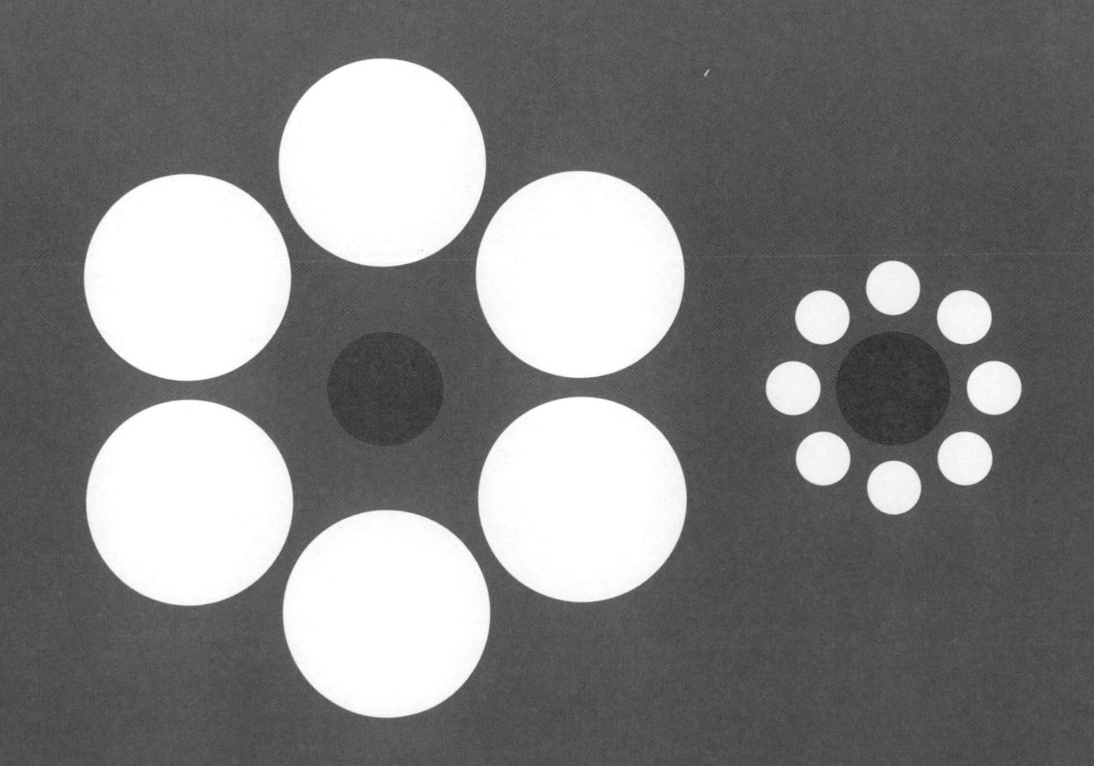

De cara y de espaldas

Relaciona la imagen de cara con la de espaldas de la misma muñeca.

Conozco las posiciones

Pequeño, mediano, grande

¿Puedes decir dónde está la manzana en cada imagen?

encima

dentro

al lado

delante

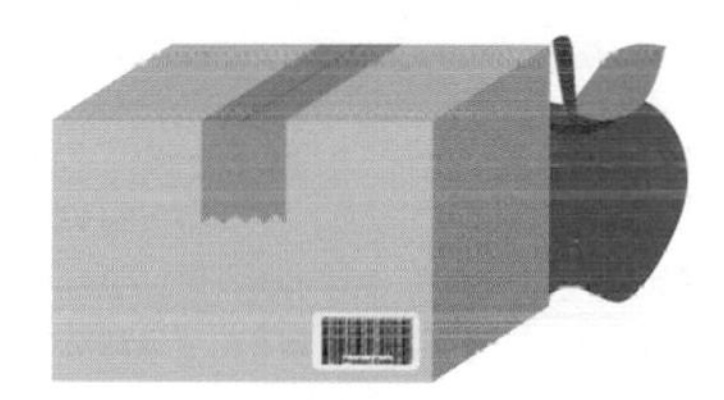

detrás

entre

debajo

en medio

alrededor

Busca y encuentra
10 ponis que van hacia allí ←, y 5 niños que van hacia allá →.

¿Hacia dónde van?

Pequeño, mediano, grande

Coloca las flechas de dirección recortables
de la página 125 junto a la imagen correspondiente.

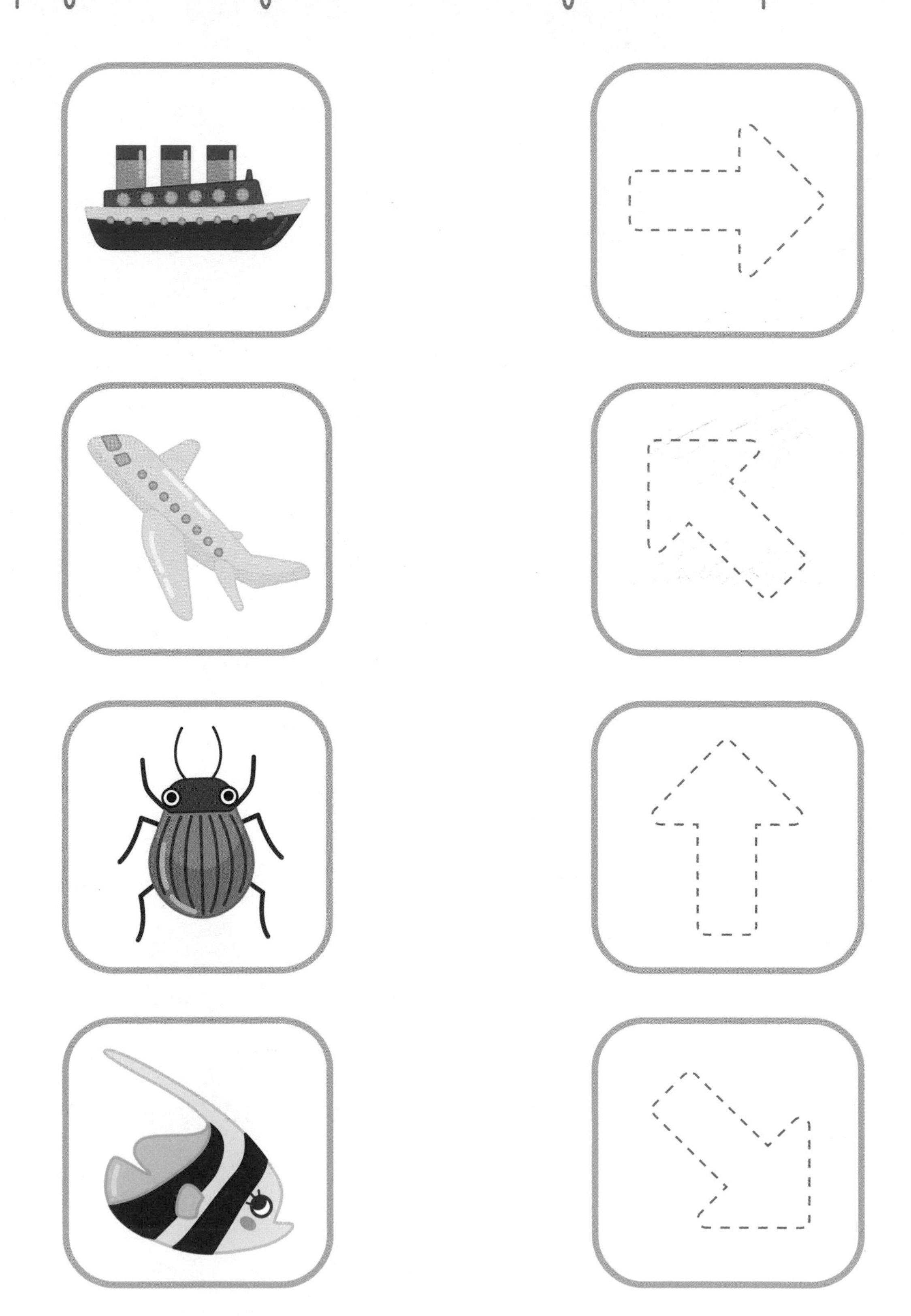

Coloca junto a cada imagen la flecha que indica su dirección.

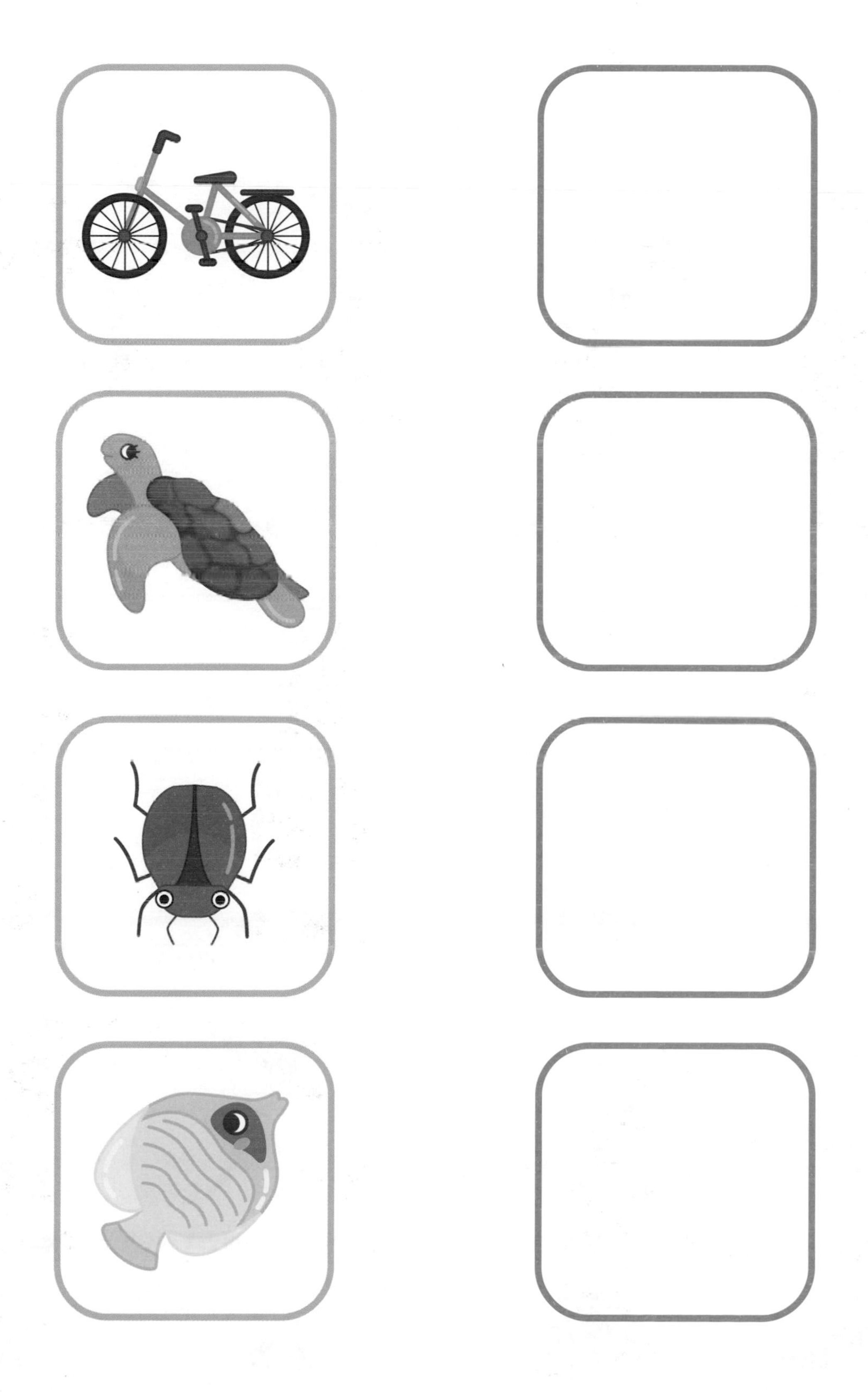

En el hielo

Pequeño, mediano, grande

Dibuja una mancha de color en el vientre de cada pingüino dependiendo de la dirección en la que mire.

→ ← ↑ ↓

Descubrimiento del mundo

Las estaciones

Descubrimiento

¿Puedes nombrar las cuatro estaciones?

¿Qué estación es?

Descubrimiento

Coloca en cada casilla una imagen que corresponda a la estación, con la ayuda de las tarjetas recortables de la página 127.

El dominó del tiempo

Descubrimiento

Utiliza las fichas de dominó recortables de la página 127.

Las estaciones en imágenes

Descubrimiento

Coloca las tarjetas recortables de la página 129 junto a la estación que les corresponda.

Juego de las diferencias

Descubrimiento

Compara estas cuatro imágenes. No sólo cambia la estación... ¿Qué más ves?

De día

Descubrimiento

Coloca en las casillas las imágenes recortables de la página 101 que relaciones con el día.

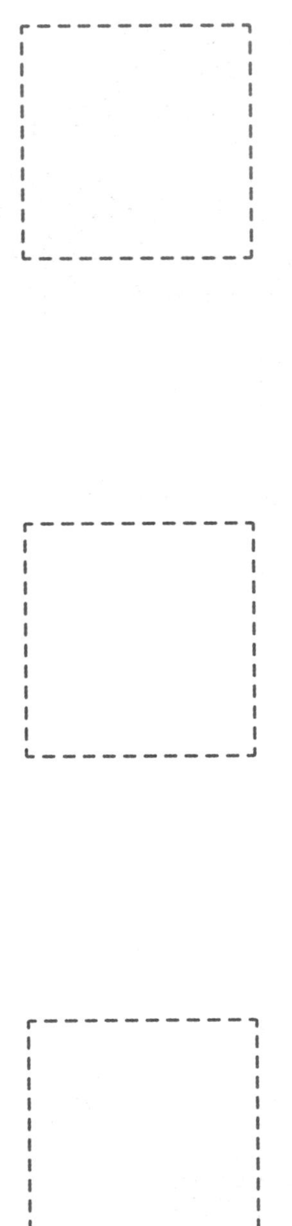

De noche

Descubrimiento

Coloca en las casillas las imágenes recortables de la página 101 que relaciones con la noche.

Noche estrellada

Descubrimiento

¡Qué noche más hermosa! Sin embargo, harían falta más estrellas. Dibújalas pintando puntos blancos con pintura.

Contrarios

Descubrimiento

Observa los contrarios y haz frases.

¡Haz frases!

El guepardo es rápido, pero el caracol es lento.

El/La/Este/Esta .... es .... ,

pero .... es ....

Contrarios en imágenes

Descubrimiento

Coloca en cada casilla la tarjeta recortable con el contrario de la página 131. A continuación, puedes dar la vuelta a las tarjetas para comprobar el resultado.

 Grande	 Limpio	 Alto
 Mucho	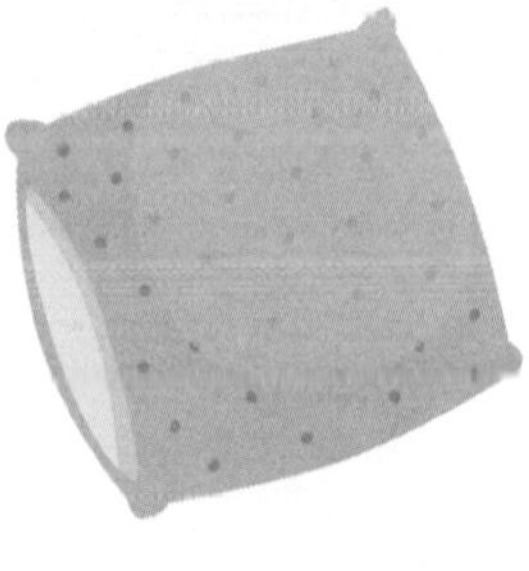 Blando	 Negro
 Vacío	 Fuera	 Detrás

50.1

Busca y encuentra
3 frutas, 3 verduras
y 3 tarros de miel.

Descubro los cinco sentidos

Descubrimiento

Completa cada línea con la pieza del rompecabezas que corresponde al sentido en cuestión. Utiliza las piezas de rompecabezas recortables de la página 101.

¿A qué huele? ¿Qué veo?...

Clasifica las imágenes recortables de la página 133 junto al sentido correspondiente.

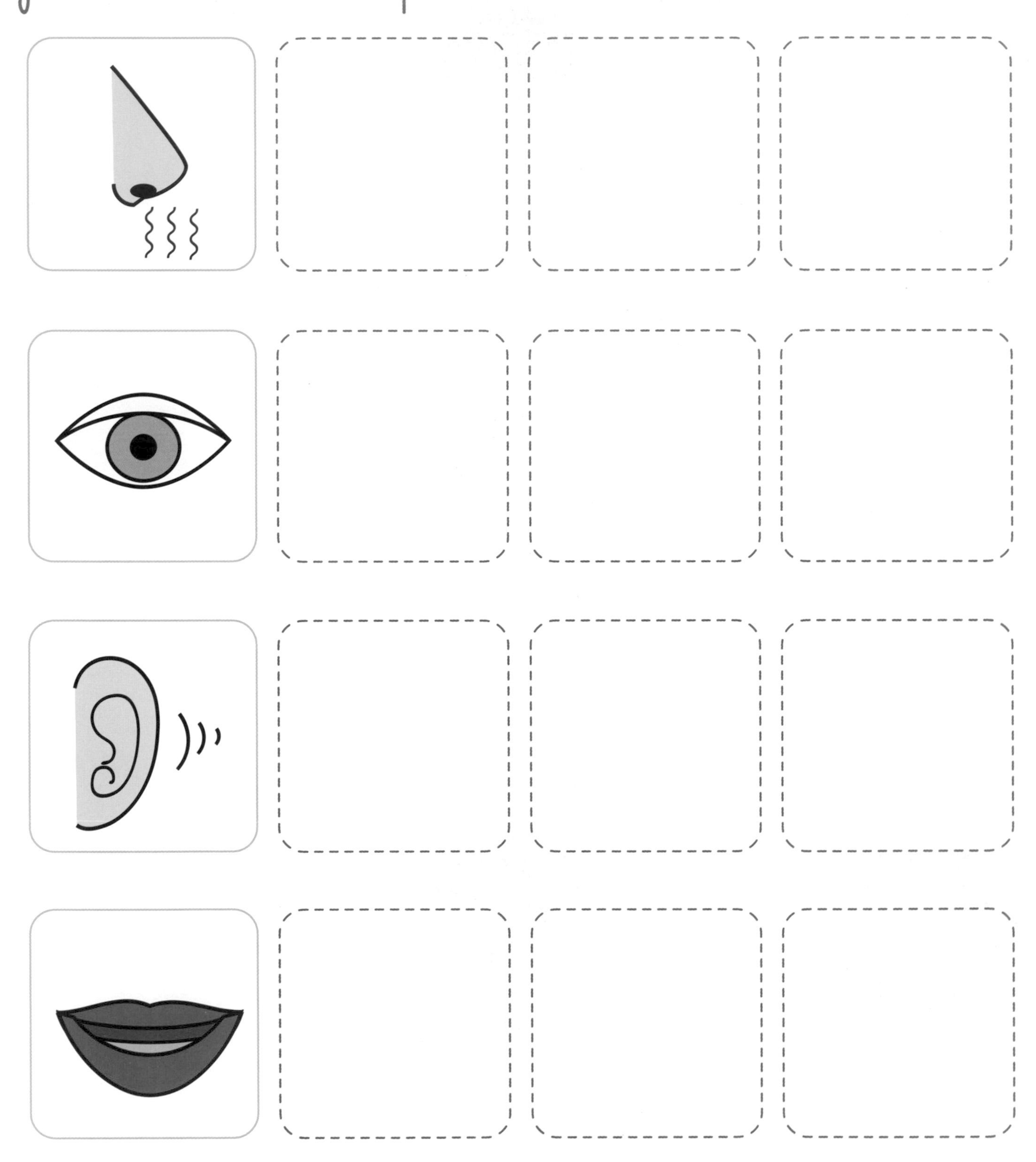

¿Frío o caliente?

Descubrimiento

Clasifica las imágenes en las casillas correspondientes a «frío» o «caliente». Puedes recortarlas en la página 135.

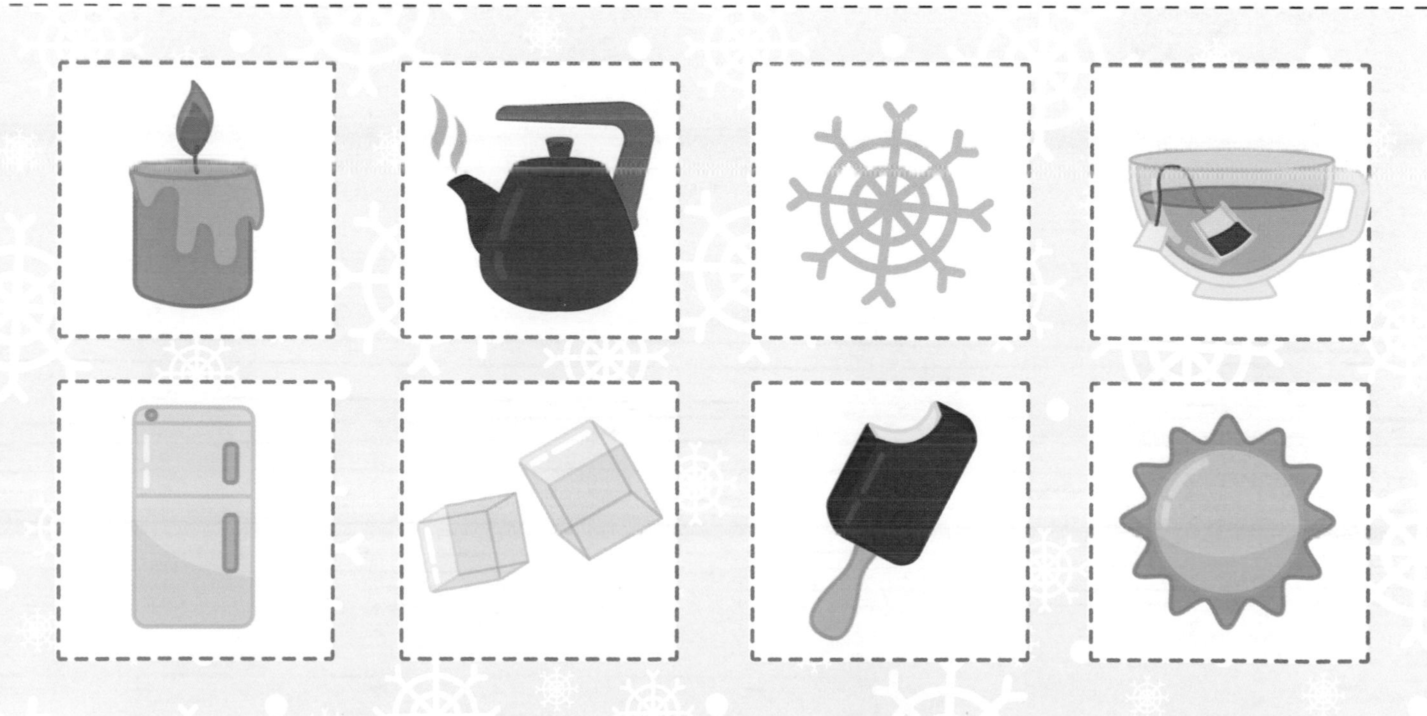

Rompecabezas en tiras

Descubrimiento

Completa la escena con las tiras recortables de las páginas 105 y 107. Puedes pegarlas.

El bosque

Busca y encuentra

1 topo, 1 lechuza y 1 cachorro de zorro que se esconde.

¿Qué me gusta oler, saborear...?

Descubrimiento

Coloca sobre el tablero las tarjetas recortables de los sentidos de la página 135 para mostrar lo que te gusta saborear, ver, oler... ¿Te gusta el olor a café?

Identificación, discriminación visual

Formo parejas

Identificación, discriminación visual

Encuentra las parejas en el dibujo.

Rompecabezas en tiras

Identificación, discriminación visual

Completa el rompecabezas con las tiras recortables de las páginas 113 y 115. Puedes pegarlas.

El parque

Busca y encuentra
1 pato escondido, 1 perro con una correa y 2 mariposas azules.

Formo parejas y encuentro el intruso

Identificación, discriminación visual

Encuentra los dibujos idénticos y forma parejas.
¿Qué dibujo se queda solo?

Rompecabezas en tiras

Identificación, discriminación visual

Completa la escena con las tiras recortables de la página 103. Puedes pegarlas.

Vista de lince

Identificación, discriminación visual

Sólo hay una rana adulta entre estos renacuajos. Encuéntrala.

Hay un mosquito entre estas moscas. Encuéntralo.

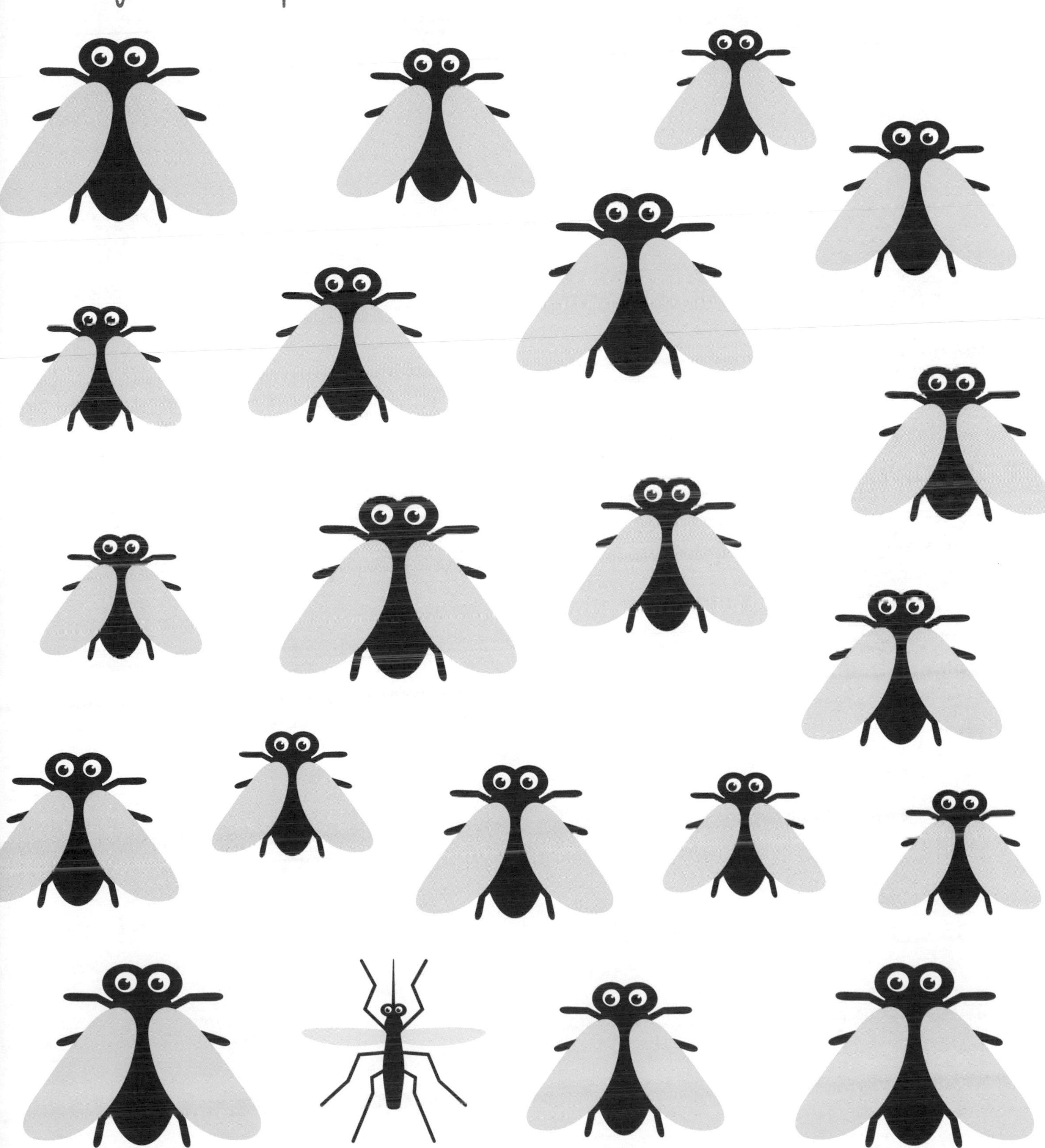

Rompecabezas en tiras

Identificación, discriminación visual

Completa la escena con las tiras recortables de las páginas 117 y 119. Puedes pegarlas.

La sabana

Busca y encuentra
9 animales de 2 patas.

Recorta el patrón de la página siguiente y realiza
los pliegues indicados para obtener un sobre
en el que podrás guardar todo el material del cuaderno.

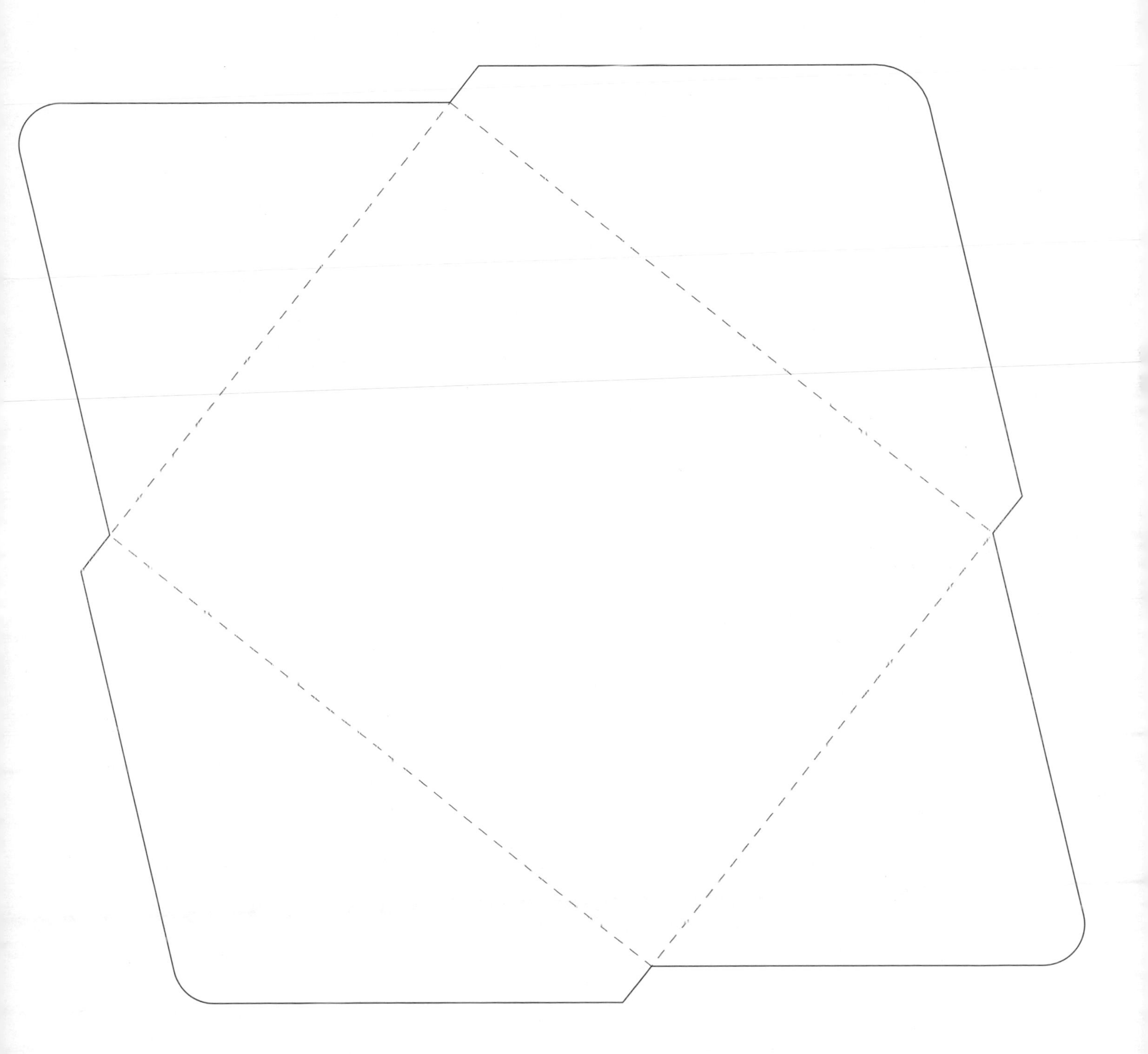

Conozco los colores páginas 8 y 9

Sol de colores páginas 10 y 11

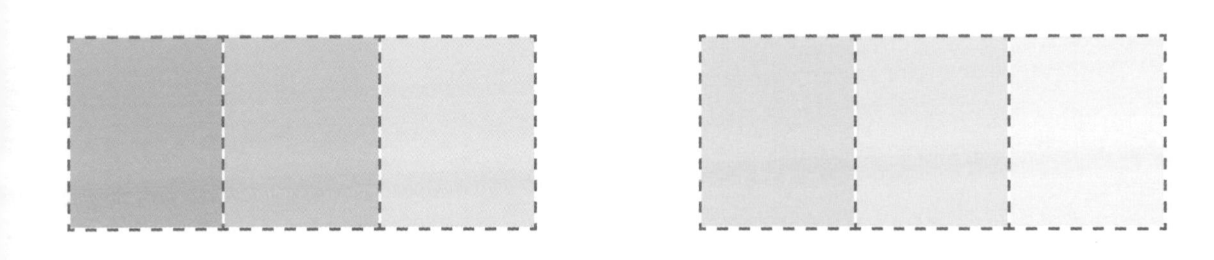

En el estanque páginas 12-13

La forma y el color página 15

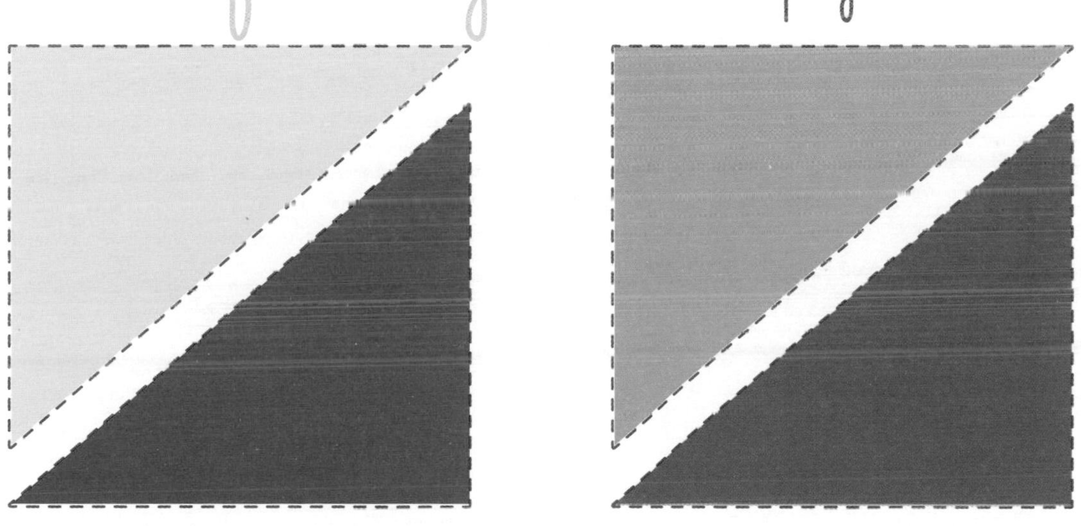

Colores, círculos y curvas página 24

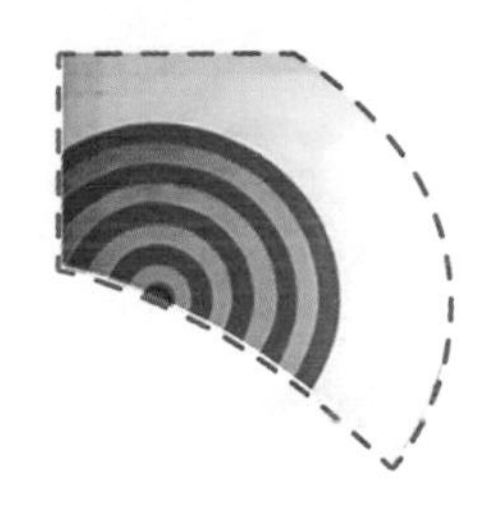
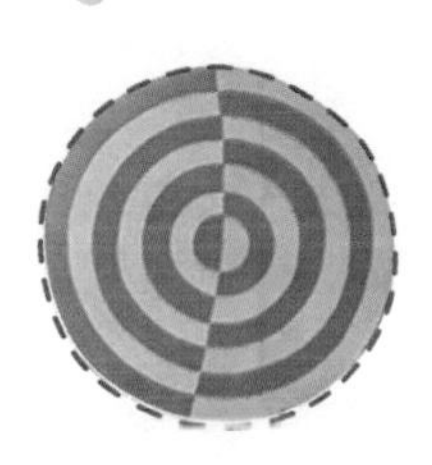

Reconozco las formas página 26

Completo las formas página 27

¿Mayores o iguales? páginas 42-43

De día y de noche páginas 58-59

Descubro los cinco sentidos páginas 66-67

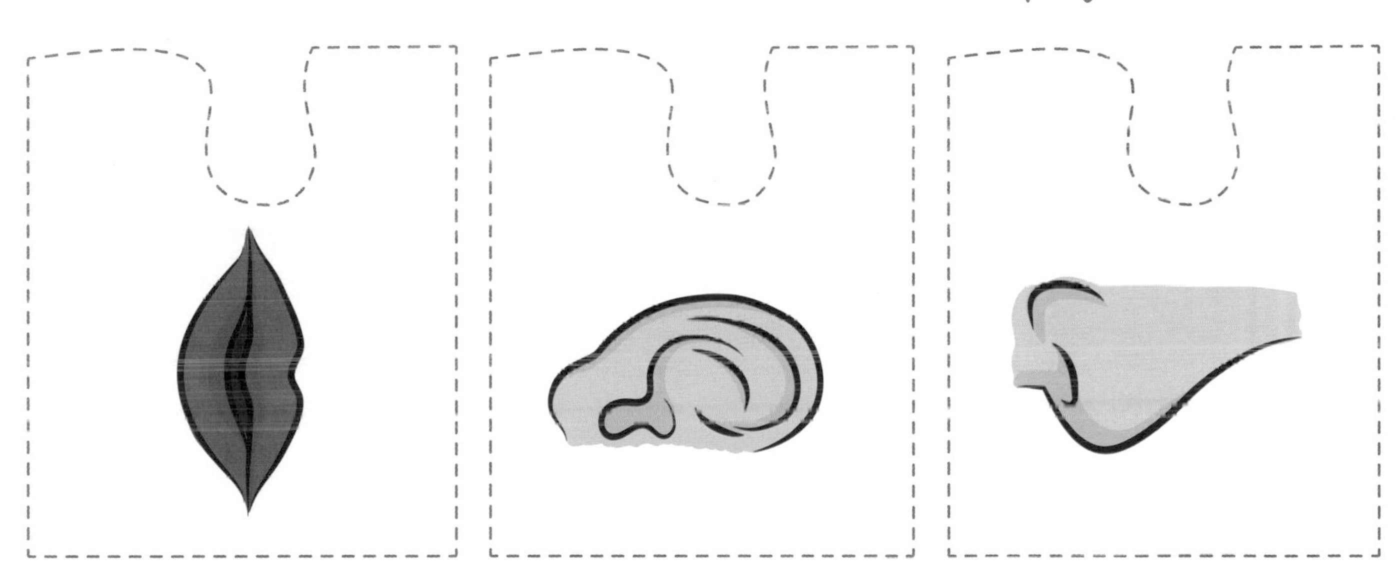

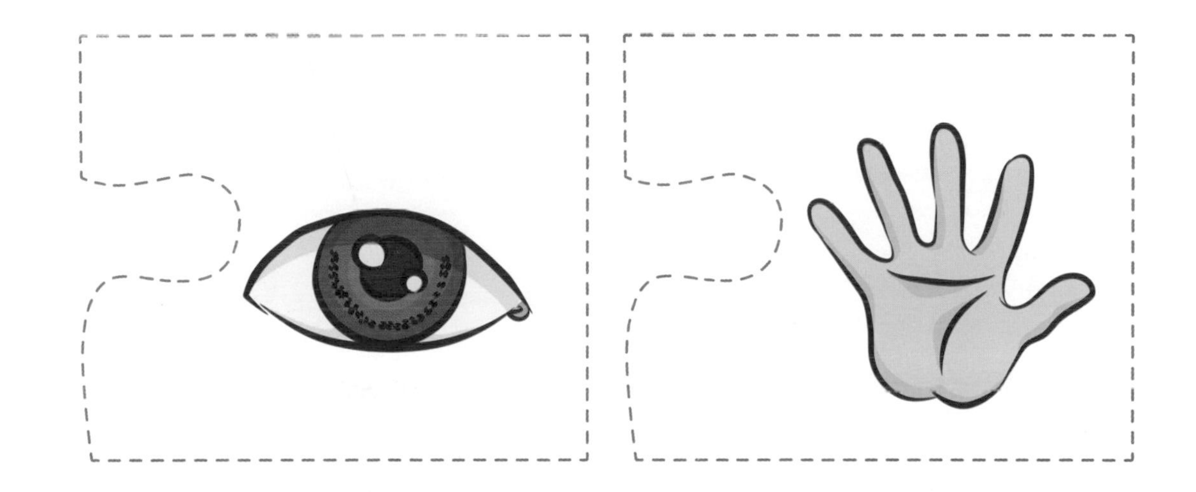

Rompecabezas en tiras páginas 84-85

Rompecabezas en tiras páginas 70-71

Rompecabezas en tiras páginas 16-17

RECORTABLES

Rompecabezas en tiras páginas 78-79

RECORTABLES

Rompecabezas en tiras páginas 88-89

RECORTABLES

¿De qué color son? página 14

Peces página 21

¿Qué forma tienen? página 30

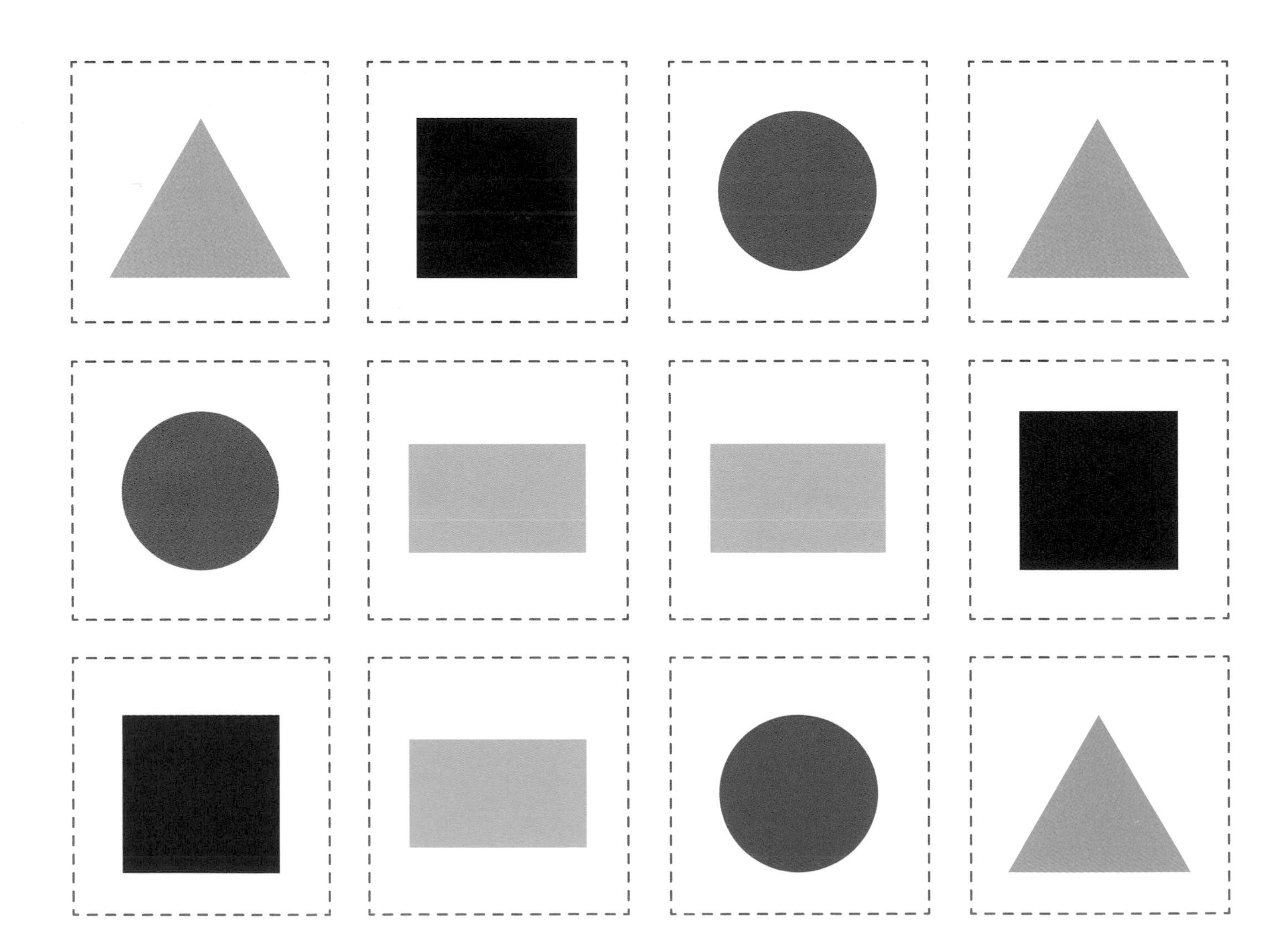

Para las actividades páginas 38, 39 y 41

¿Hacia dónde van? páginas 48-49

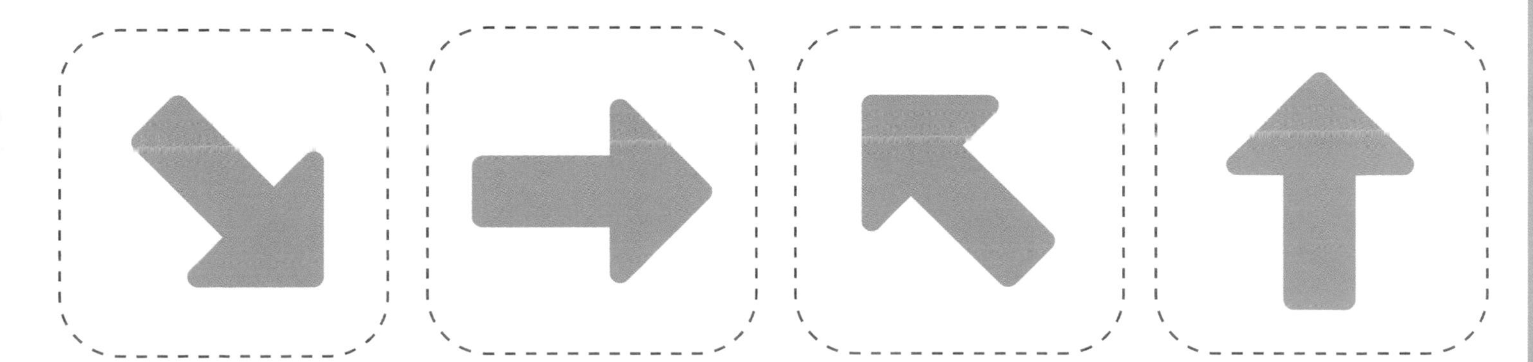

¿Qué estación es? página 53

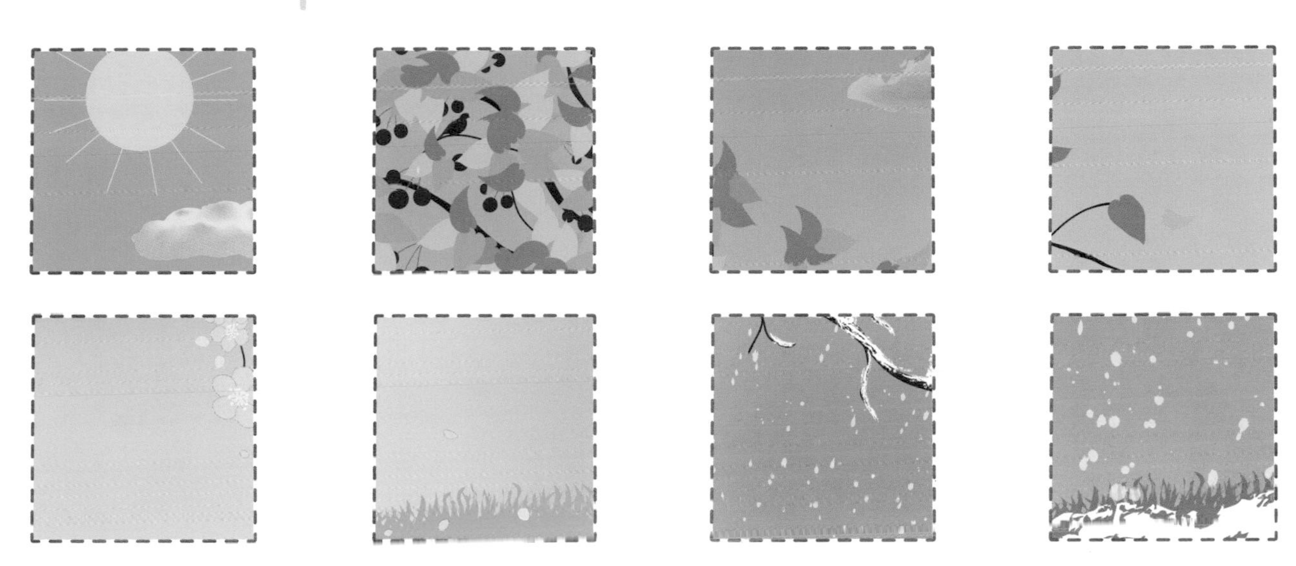

El dominó del tiempo páginas 54 y 55

RECORTABLES

Las estaciones en imágenes página 56

Contrarios en imágenes página 63

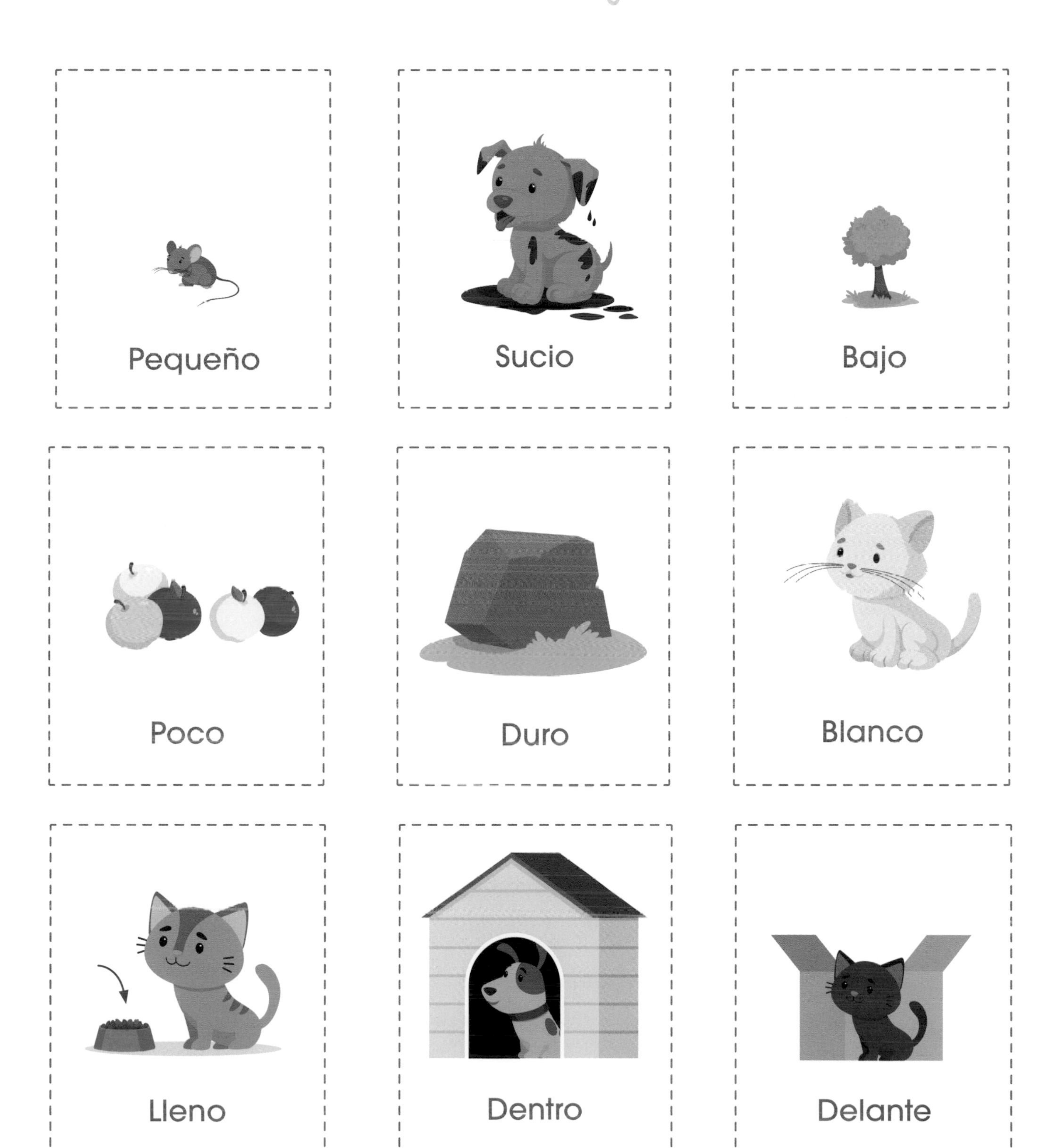

Alto
Limpio
Grande
Negro
Blando
Mucho
Detrás
Fuera
Vacío

¿A qué huele? ¿Qué veo? página 68

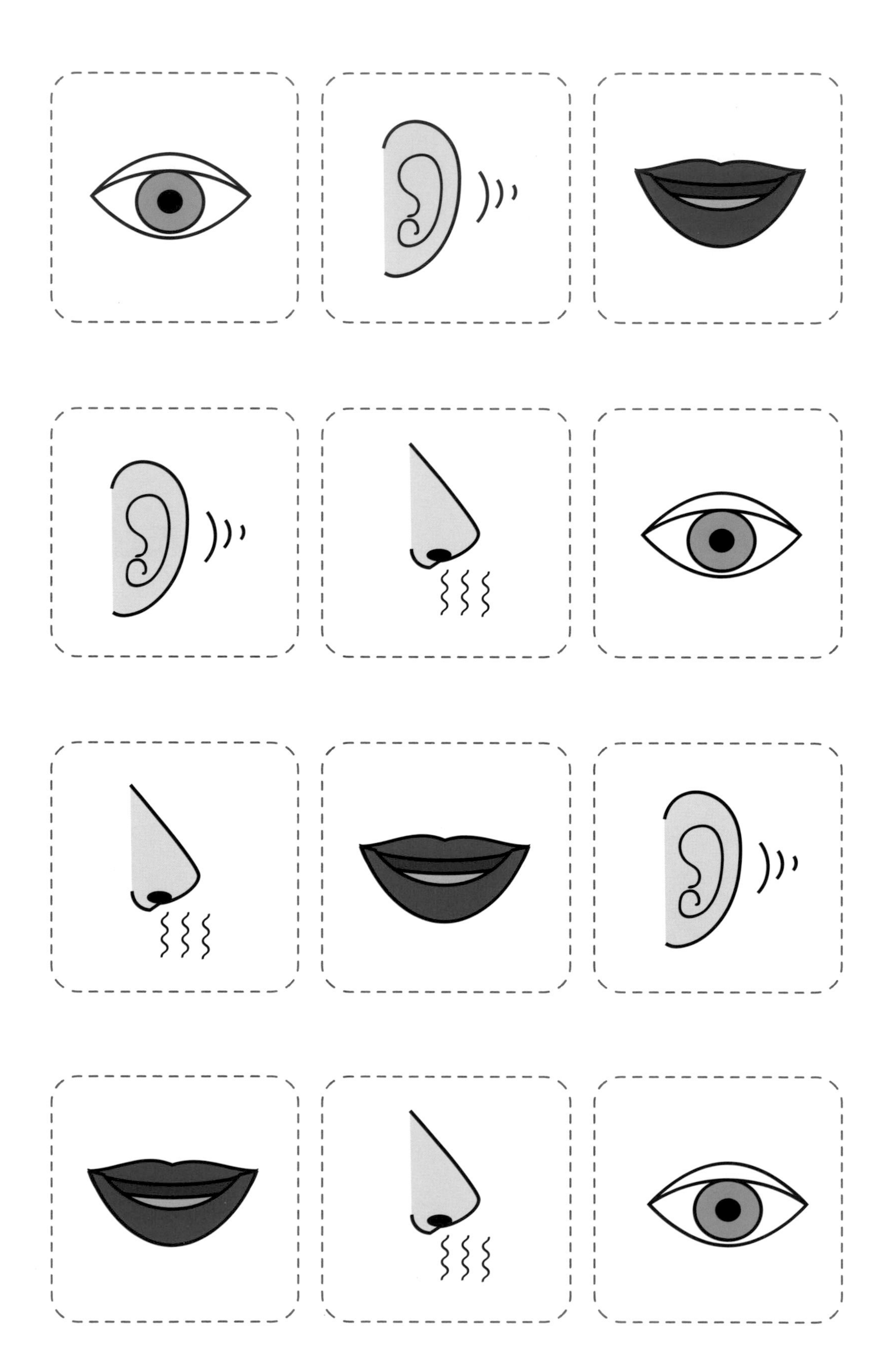

¿Frío o caliente? página 69

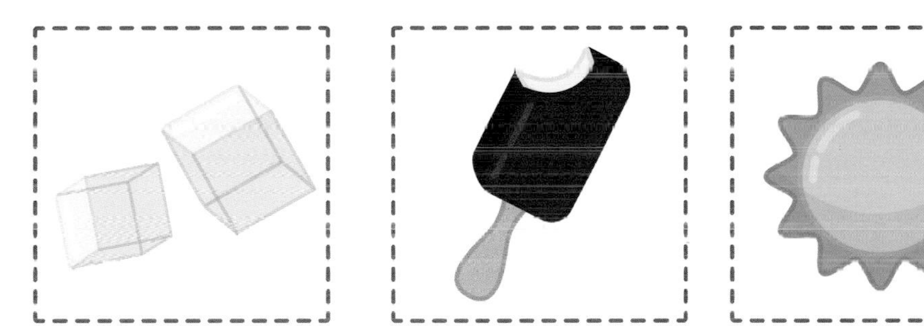

¿Qué me gusta oler, saborear...? página 74